Ulrich Flasche
G. Dario Posada-Medrano

**Desktop Publishing
mit dem HP LaserJet**

Ulrich Flasche
G. Dario Posada-Medrano

Desktop Publishing

mit dem HP LaserJet

Anwendungen mit Word, Windows,
PageMaker und Ventura Publisher

Friedr. Vieweg & Sohn   Braunschweig/Wiesbaden

CIP-Titelaufnahme der Deutschen Bibliothek

Flasche, Ulrich:
Desktop publishing mit dem HP LaserJet:
Anwendungen mit Word, Windows, PageMaker
u. Ventura Publisher / Ulrich Flasche; G. Dario
Posada-Medrano. — Braunschweig; Wiesbaden:
Vieweg, 1988.
    ISBN-13: 978-3-528-04602-6   e-ISBN-13: 978-3-322-84198-8
    DOI:10.1007/ 978-3-322-84198-8

NE: Posada-Medrano, German Dario:

Das in diesem Buch enthaltene Programm-Material ist mit keiner Verpflichtung oder Garantie irgendeiner Art verbunden. Die Autoren und der Verlag übernehmen infolgedessen keine Verantwortung und werden keine daraus folgende oder sonstige Haftung übernehmen, die auf irgendeine Art aus der Benutzung dieses Programm-Materials oder Teilen davon entsteht.

Der Verlag Vieweg ist ein Unternehmen der Verlagsgruppe Bertelsmann.

ISBN-13: 978-3-528-04602-6

INHALT

VORWORT

Das vorliegende Buch ist ein praktischer Führer für die Erstellung von Schriftsatz und Grafik mit dem HP LaserJet. An über 20 ausführlich kommentierten Beispieldokumenten wird ein Kurs des "Desktop Publishing" absolviert, der den Leser ausgehend von einfachen Beispielen mit Microsoft Word über die Anwendung von Layoutprogrammen (PageMaker und Ventura Publisher) bis hin zu speziellen Anwendungen des wissenschaftlichen Formelsatzes führt. Außerdem erfährt der Leser, wie die angebotene Software im Hinblick auf die Anforderungen unterschiedlicher Anwendungsbereiche zu beurteilen ist.

Das Buch ist softwareunabhängig angelegt und zeigt Anwendungsbeispiele mit allen wichtigen Programmen des Desktop Publishing unter MS-DOS (Word, Windows mit Write, Draw und PageMaker, Ventura Publisher) sowie mit Programmen für spezielle Publikationen (T^3, Scientex, FormMaker). Auf Alternativprogramme wird an den entsprechenden Stellen hingewiesen. Im Zentrum stehen Microsoft Windows und Aldus PageMaker, so daß das Buch für Anwender oder Kursleiter, denen diese Programme zur Verfügung stehen, besonders gut geeignet ist. Die Verwendung der Hewlett Packard Softfonts in Verbindung mit unterschiedlichen Anwendungsprogrammen wird ausführlich erläutert.

Das Buch geht auf alle wichtigen Geschäftsdokumente (Briefe, Berichte, Newsletter, Tabellen, Kataloge u. v. a.) sowie auf Verlagspublikationen ein, die zuverlässig und kostengünstig mit dem Personalcomputer produziert und deren Druckvorlagen mit dem HP LaserJet erstellt werden können.

Alle Beispiele wurden mit einem HP Vectra Personalcomputer erstellt und auf dem HP LaserJet Serie II bei einem Speicherausbau von 2,5 MB ausgedruckt. Layout und Umbruch des Buches wurden mit Ventura Publisher auf einem HP Vectra-Personalcomputer durchgeführt, die vollständige Druckvorlage mit dem HP LaserJet ausgedruckt. Text und Grafik wurden parallel zur Erstellung der Layoutbeispiele auf einem Commodore AT-Personalcomputer erfaßt und gezeichnet. Redaktion und Produktion des vorliegenden Buches gestalteten sich dank Desktop Publishing und paralleler Arbeit an einem Erfassungs- und einem Umbrucharbeitsplatz arbeitsorganisatorisch äußerst effektiv.

Zur Einführung stellen wir drei typische Anwendungsbeispiele vor, die den Leser zugleich in das Zentrum des behandelten Sachgebietes führen. Am konkreten Beispiel stellen wir jene Überlegungen dar, die vor und bei der typografischen Gestaltung einer Publikation anzustellen sind, und machen den Leser so mit einigen Grundlagen des Gestaltens vertraut.

In Teil 1 machen wir den Leser durch knapp gehaltene Basistexte mit dem Softwaremarkt, den Anwendungsbereichen des Desktop Publishing sowie mit dem HP LaserJet und dem von Hewlett Packard angebotenen Komplettsystem vertraut.

In Teil 2 führen wir ihn an konkreten Anwendungsbeispielen durch alle Standardanwendungen des Desktop Publishing. Wir stellen drei Leistungsstufen vor, die in Teil 1 entwickelt wurden und die jeweils spezifische Anforderungen an Hard- und Software stellen. Die Erstellung jedes Beispiels dokumentieren wir ausführlich. Wir stellen dar, mit welcher Software und mit welchen Schriften die Arbeit erstellt wurde und wie sie organisiert wurde. Den Arbeitsablauf erläutern wir Schritt für Schritt, so daß die Entstehung der Arbeit leicht nachvollzogen werden kann.

In Teil 3 gehen wir in Fortführung von Teil 2 auf spezielle Anwendungsbereiche ein. Hier erklären wir die Gestaltung von Formularen, wissenschaftlichen Satzarbeiten sowie die Gestaltung eines vollständigen Buches mit Inhaltsverzeichnis und Index. Auch in diesem Teil kommentieren wir jedes Beispiel ausführlich, so daß es für den Leser nachvollziehbar ist und auf Wunsch nachgesetzt werden kann. Darüberhinaus zeigen wir die neuen Möglichkeiten, die PostScript für den Layoutsatz bietet, sowie einige Beispiele für die Programmierung in dieser Seitenbeschreibungssprache.

Für die Überlassung von Software und Hardware zur Durchführung dieses Buchprojektes bedanken wir uns besonders herzlich bei Frau Gregor, Herrn Jürgen Reik und Herrn Peter Keshishian sowie der Hewlett Packard Deutschland GmbH, Abteilung Marketing Personalcomputer. Außerdem danken wir unserem Lektor Herrn Wolfgang Dumke beim Verlag Friedr. Vieweg & Sohn für die sorgfältige Lektorierung des Manuskriptes.

Darüber hinaus sind wir folgenden Firmen und Einzelpersonen zu Dank verpflichtet:

Herrn Tennigkeit und der Firma Ashton Tate GmbH, Herrn Hahn, Herrn Ataman und der Firma Commodore Büromaschinen GmbH, Frau Kerschel und der Firma Lotus GmbH, Frau Paul und der Firma Microsoft GmbH sowie der Firma S.A.X.-Software GmbH.

Wir wünschen unseren Lesern viel Spaß bei der Arbeit mit Ihrem Desktop Publishing System sowie beim Einsatz Ihres HP LaserJet. Bei Fragen zu dem hier behandelten Themenbereich erreichen Sie uns unter der unten angegebenen Anschrift.

Ulrich Flasche   G. Dario Posada-Medrano

DokuTeam, Technische Redaktion und EDV-Beratung
Schopenhauerstraße 17, 6000 Frankfurt am Main 1, Tel.: (069) 495 03 47

Zur Einführung

Bei der typografischen Gestaltung von Briefbogen, Newslettern und Berichten handelt es sich vielleicht um jene Arbeiten, die am häufigsten mit einem Desktop Publishing System durchgeführt werden. Briefe hat ein jeder zu schreiben, der Newsletter entwickelt sich gerade durch die zunehmende Verbreitung des Desktop Publishing zu einem beliebten Mitteilungs- und Werbemedium und Berichte werden in allen technischen und kaufmännischen Abteilungen nahezu aller größeren Unternehmen, aber auch in Bildungs- und Forschungseinrichtungen sowie anderen öffentlichen Organisationen geschrieben. An Arbeiten dieser drei Typen (einem Briefbogen, einem Newsletter und einem Bericht) wollen wir eine Reihe typografischer Gestaltungselemente aufzeigen, die für den Desktop Publisher von Bedeutung sind.

Der Briefbogen

Der vorgedruckte Briefbogen hat vor allem zwei Aufgaben. Er dient zum einen als Werbeträger des Unternehmens, indem jeder Brief in seinem Kopf Logo oder Namenszug des Unternehmens trägt. Zum anderen hat er als Vordruck die Funktion, das Erstellen der Geschäftsbriefe zu erleichtern. Um dieser Funktion gerecht zu werden, muß der Vordruck die Schreibpositionen aller wichtigen Bestandteile des Briefes wie Anschrift, Bezugszeichen und Betreffvermerk durch Leitwörter vorgeben. Die Positionen, an denen der Briefbogen für das Kuvertioron zu Falzen ist, sollte der Briefvordruck durch entsprechende Markierungen vorgeben.
Für den Briefkopf wird man häufig ein Logo gestalten, das auch auf anderen schriftlichen Dokumenten des Unternehmens erscheint und als Bestandteil des Firmennamens zum Erkennungszeichen des Unternehmens werden kann. Der Briefkopf enthält häufig neben dem Logo den vollständigen Namen und die Anschrift des Unternehmens, eventuell auch Telefonnummern, Bankverbindungen, Name des Geschäftsführers, etc. Notwendige Angaben, die nicht im Briefkopf erscheinen, sind im Brieffuß anzuordnen. Der Briefkopf ist jenes Element des Briefbogens, das in der Gestaltung die meisten Freiheiten läßt. Er ist das wichtigste Element für die logotypische Identität eines Unternehmens.
Mit großer Sorgfalt ist die Position des Anschriftenfeldes festzulegen, in dessen erster Zeile die Postanschrift des Absenders steht. Das Anschriftenfeld ist so zu positionieren, daß Absender und Empfänger vollständig im Fenster einer Fensterbriefhülle erscheinen, nicht jedoch Teile des Briefkopfes oder der Bezugszeichen. Das Anschriftenfeld ist 85 mm breit und 40 mm hoch. Das entspricht 9 Schreibzeilen der Schreibmaschine bei einzeiligem Zeilenabstand. Das Anschriftenfeld hält vom linken Rand einen Abstand von 2 cm, vom oberen Rand einen Abstand von 4,5 cm. Um die Postanschrift des Absenders in einer Zeile des Anschriftenfeldes unterzubringen, wird man Sie in der Regel

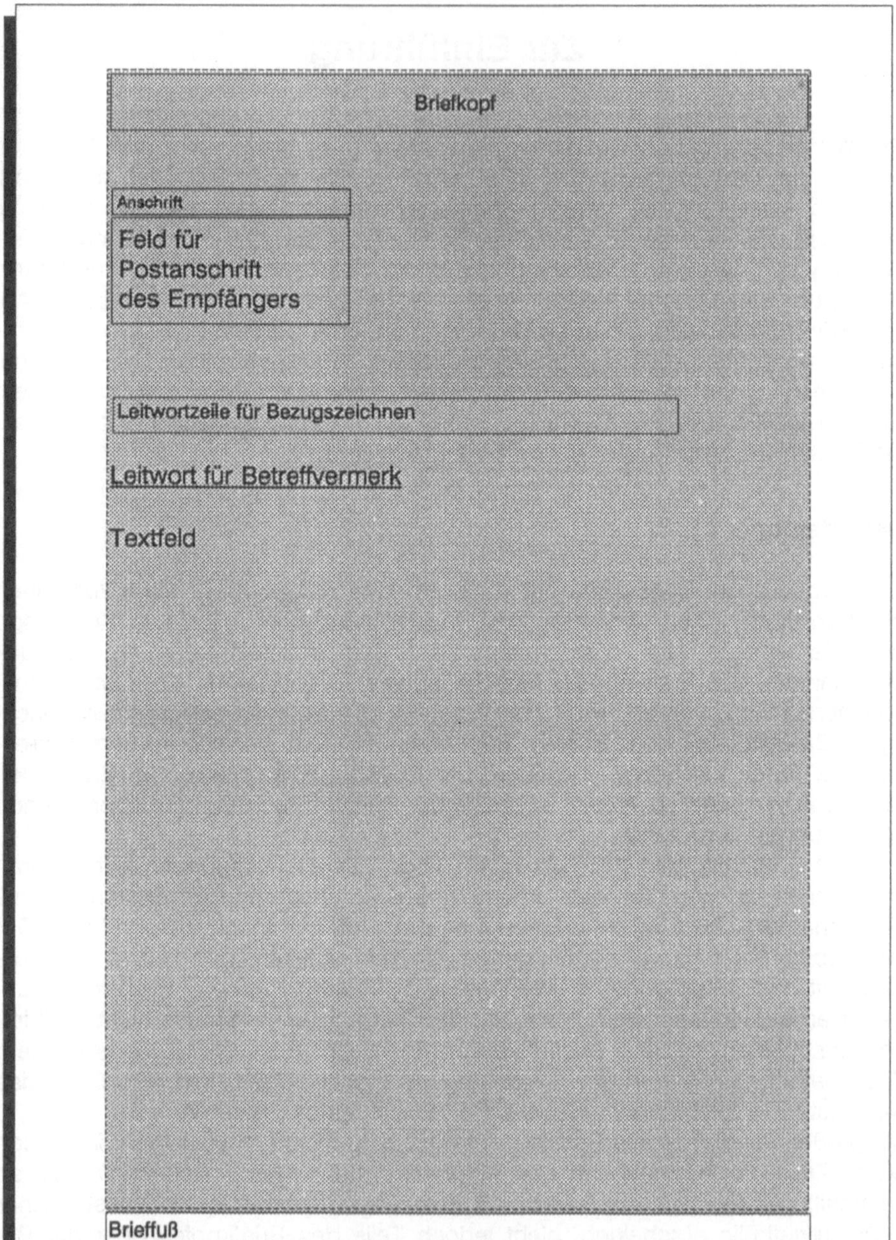

Abb. 1 Layout-Skizze eines Briefvordruckes.

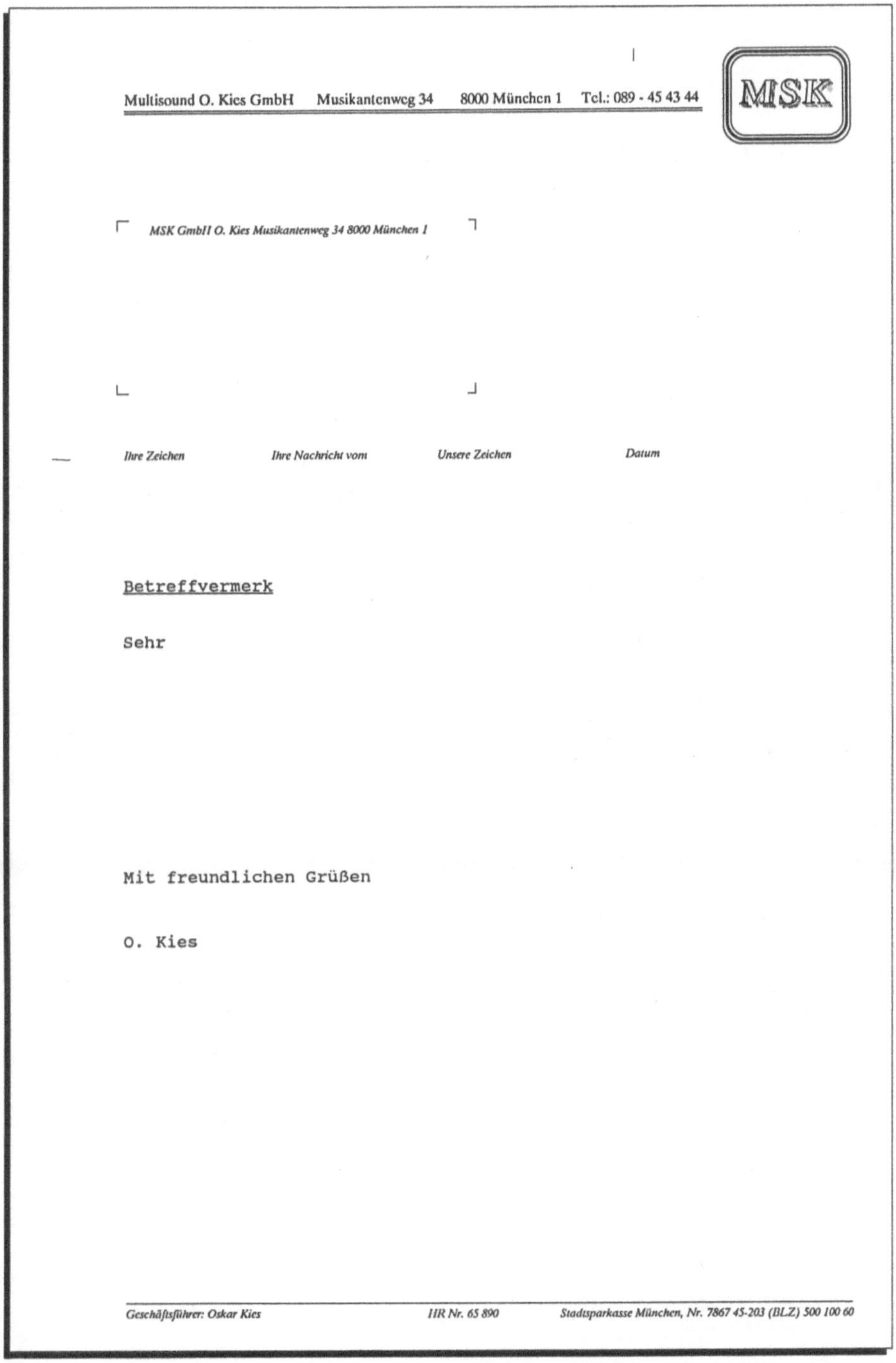

Multisound O. Kies GmbH   Musikantenweg 34   8000 München 1   Tel.: 089 - 45 43 44   MSK

MSK GmbH O. Kies Musikantenweg 34 8000 München 1

Ihre Zeichen   *Ihre Nachricht vom*   *Unsere Zeichen*   *Datum*

Betreffvermerk

Sehr

Mit freundlichen Grüßen

O. Kies

Geschäftsführer: Oskar Kies   *HR Nr. 65 890*   *Stadtsparkasse München, Nr. 7867 45-203 (BLZ) 500 100 60*

Abb. 2   Ein Briefvordruck.

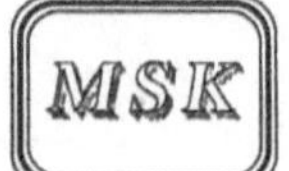

Multisound O. Kies GmbH   Musikantenweg 34   8000 München 1   Tel.: 089 - 45 43 44

⌐ MSK GmbH O. Kies Musikantenweg 34 8000 München 1   ¬

Herrn Dieter Treiber
Kantstraße 29

8000 MÜNCHEN 1

∟   ⌐

Ihre Zeichen	Ihre Nachricht vom	Unsere Zeichen	Datum
sa		rt	07.07.1987

Ihre Rechnung Nr. 005

Sehr geehrter Herr Treiber,

Der Betrag der Rechnung Nr. 005 in Höhe von 214,89 DM ist am 08.
August fällig. Überweisen Sie den Betrag bitte auf das Konto Nr.
7867 45-203 bei der Stadtsparkasse München.

Mit freundlichen Grüßen

O. Kies

Geschäftsführer: Oskar Kies   HR Nr. 65 890   Stadtsparkasse München, Nr. 7867 45-203 (BLZ) 500 100 60

Abb. 3   Ein Briefvordruck mit eingesetztem Text.

aus einer Schrift mit 6 oder 8 Punkt setzen und gegebenenfalls abkürzen. Die in den Briefbogen eingesetzte Absenderanschrift hält ebenso wie alle Eintragungen in das Anschriftenfeld und der gesamte Brieftext vom linken Rand einen Abstand von 2,5 cm.

Unterhalb des Anschriftenfeldes stehen die Leitwörter für die Bezugszeichen, die Telefondurchwahl und für das Datum. Als Leitwort des Datums wird der Absendeort gesetzt. Auch diese Leitwörter werden ebenso wie das nachfolgende Leitwort für den Betreffvermerk aus einer 6 oder 8 Punkt Schrift gesetzt. Das Leitwort für den Betreffvermerk steht drei Schreibmanschinenzeilen unterhalb der Leitwörter für die Bezugszeichen.

Die Leitwörter für die Bezugszeichen und den Betreffvermerk sollten vom linken Rand des Briefbogens einen Abstand von 2,5 cm halten. Es ist dies der bei allen maschinenschriftlichen A4-Briefen einzuhaltende linke Rand.

Am linken Rand des Briefbogens sind drei waagerechte Falzmarkierungen zu setzen. Die erste befindet sich 10,4 cm von oberen Rand, die zweite 14,8 und die dritte 21 cm. Für diese Falzmarkierungen verwendet man etwa 0,5 cm lange Haarlinien. Die mittlere Falzmarkierung dient zur Falzung des Briefbogens für eine C5 Briefhülle, die obere und die untere Markierung dienen zur zweimaligen Falzung (Leporello-Falzung) für eine Briefhülle DL (DIN-lang). Von der exakten Positionierung der Falzmarkierungen hängt es ab, ob der Brief problemlos in die Briefhülle gesteckt werden kann und ob die Anschriften im Fenster einer Fensterbriefhülle erscheinen. Am oberen Rand des Briefbogens ist eine weitere Falzmarkierung anzubringen, in diesem Fall eine senkrechte. Diese Markierung befindet sich 14,7 cm vom linken Rand und dient der Falzung des bereits nach der Leporellomethode gefalzten Briefbogens zur Unterbringung in einer Briefhülle C6.

Sollen die Briefbögen mit der Schreibmaschine ausgefüllt werden, so ist 24,5 cm unterhalb des oberen Bogenrandes am äußersten linken Rand des Schreibfeldes (also nicht innerhalb des Briefbogenrandes) eine kurze waagerechte Markierung zu setzen. Diese Markierung dient beim Ausfüllen des Briefbogens als Signal für das nahende Blattende.

Etwa 28,5 bis 29 cm unterhalb des oberen Randes befindet sich die Schriftlinie für die Fußzeile eines Briefbogens. Die Fußzeile kann Angaben zur Anschrift, zur Geschäftszeit, zu Telefon- und Telexanschlüssen, zu Bankverbindungen, zum verantwortlichen Geschäftsführer, zu Gerichtsständen und Handelsregistereintragungen beinhalten. Sie wird in 6 oder 8 Punkt in der Regel aus der gleichen Schrift wie die übrigen Textelemente des Briefbogens gesetzt und hält vom linken und rechten Rand ungefähr den gleichen Abstand wie der Brieftext, nämlich 2,5 und 1,75 cm.

Das Layout des Geschäftsbriefes - und dieser interessiert uns hier in erster Linie - ist durch die Vorschriften der Normen DIN 476 (Papierendformate), 676 (Geschäftsbrief, Vordrucke A4), 677 (Geschäftsbrief, Vordrucke A5), 678 (Briefhüllen, Formate), 680 (Fensterbriefhüllen) weitgehend festgelegt. DIN regelt die Ausdehnung der Ränder, die Position der Kopfzeile, des Adreßfeldes, der Bezugszeichenzeile des Betreffvermerkes und der Fußzeile. Dies sind alle wesentlichen Elemente, die für das Layout eines Briefbogens in Betracht kommen. DIN regelt im Normblatt 5008 auch die Anordnung und Gestaltung des Brieftextes innerhalb des vorgedruckten Briefbogens. Diese Angaben interessieren uns hier jedoch nicht, da wir uns mit der Gestaltung von Briefbögen beschäftigen. Innerhalb der DIN-Vorschriften besteht weitgehende Freiheit in der Wahl der Schriftarten und Schriftgrößen für alle Aufdrucke sowie in der Gestaltung von Briefkopf und Brieffuß.

Der Privatbrief kann sich an die Normen des Geschäftsbriefes mehr oder weniger eng anlehnen. Er wird in der Regel über einen weniger aufwendig gestalteten Kopf verfügen, der sich aus Name (eventuell mit Titel), Anschrift und Telefon zusammensetzt. Im Fuß kann die Angabe einer Bankverbindung erfolgen. Ein Anschriftenfeld ist nur erforderlich, falls Fensterbriefhüllen verwendet werden sollen. Jedenfalls wird man nur in diesem Fall eine Wiederholung der Postanschrift des Absenders innerhalb des Anschriftenfeldes vornehmen.

Der Newsletter

Der Newsletter ist eine Mitteilungsform, die sich in den USA großer Beliebtheit erfreut. Seine Funktion ist der der Hauszeitschriften deutscher Unternehmen ähnlich. Der Newsletter weist aber eine Reihe von Charakteristika auf, die ihn zwischen die aufwendig gestaltete Hauszeitung und das einfache Mitteilungsblatt stellen und in vielen Fällen zur interessant gestalteten und unkomplizierten Mitteilungsform der Wahl machen. Newsletter werden in unserem Raum in der Regel im A4-Format hergestellt. Damit ist bereits ein erster Vorteil des Newsletters gegenüber der Hauszeitung genannt. Für den Newsletter können wir als Bedruckstoff die im Büro allenthalben verwendeten Papiere im A4-Format benutzen. Gegenüber dem einfachen A4-Mitteilungsblatt hebt sich der Newsletter aber durch eine interessante, zeitungsähnliche Gestaltung hervor. Für den Newsletter wird man daher in der Regel ein zwei- oder dreispaltiges Layout wählen. Die Spalten können durch Spaltenlinien getrennt werden. Wie bei allen mehrspaltigen Dokumenten ist es wichtig, darauf zu achten, daß zwischen den Schriftlinien der verschiedenen Spalten kein Versatz entsteht. Die Schriftlinien müssen über die Spalten hinweg eingehalten werden (Registerhaltigkeit). Der Newsletter setzt sich aus einzelnen Artikeln zusammen, bei deren redaktioneller Bearbeitung man sich weitgehend an die üblichen journalistischen Darstellungsformen hält[*]. In einem Newsletter werden also wie in einer Zeitung Nachrichten oder Meldungen, Berichte, Reportagen, Features, Interviews, Kommentare und Glossen erscheinen. Im Vergleich zur Zeitung wird man die einzelnen Artikel jedoch wesentlich kürzer halten. Dem Newsletter kann durch breitere Spalten (zweispaltiges Layout) und längere Artikel, also durch ein Zurücktreten von Überschriften und anderen strukturierenden Elementen gegenüber dem Grundtext, ein mehr zeitschriftenähnlicher Anstrich verliehen werden. Diese Form wird man bevorzugen, wenn die Betonung weniger auf Aktualität als auf die auch über den Tag hinausdauernde

---

[*]   Vgl. hierzu u. a. LaRoche, Walter von, Einführung in den praktischen Journalismus, Reihe Journalistische Praxis, 8. völlig neu bearbeitete Auflage, List Verlag München, 1984.

Bedeutung der enthaltenen Mitteilungen gelegt werden soll.
Jede Newsletter-Seite trägt einen Seitenkopf, wobei der Seitenkopf der ersten Seite größer und aufwendiger gestaltet wird, als der der übrigen Seiten. Im Kopf des Newsletters können wie im Zeitungskopf der Name der Publikation, der Herausgeber, die Erscheinungsweise (wöchentlich, 14tägig, monatlich, etc.) sowie das Erscheinungsdatum und die Nummer der aktuellen Ausgabe genannt werden. Eventuell kann noch ein Motto oder die Bezeichung des Themenkreises, über den der Newsletter handelt, in den Kopf mit aufgenommen werden. Nicht alle genannten Elemente müssen jedoch im Kopf des Newsletters erscheinen. Wichtiger ist hier, daß sich die typografische Gestaltung an die des Zeitungskopfes anlehnt. Auf den Folgeseiten wird der Kopf in vereinfachter Form erscheinen, man wird hier nur noch den Namen und die Nummer der aktuellen Ausgabe angeben. Hinzu kommt nun die Seitenzahl.

Wesentliche Elemente für die typografische Gestaltung des Kopfes sind große Schriftgrößen, die Ausrichtung der einzelnen Elemente sowie Linien zur Abtrennung gegenüber dem Seitenkörper. Da man bei Zeitungen in der Regel den Namen aus dem größten Schriftgrad setzt und in der Mitte des Kopfes anordnet (zentriert), wird man auch beim Newsletter ähnlich vorgehen, wenn man ihm ein möglichst zeitungsnahes Aussehen geben will. Da der Newsletter auch Werbeträger ist, wird in jedem Fall der Firmenname als Herausgebername innerhalb des Kopfes erscheinen, falls er nicht ohnehin Bestandteil des Namens ist. Ein Motto kann direkt unterhalb des Namens ebenfalls zentriert angeordnet werden. Alle übrigen Elemente, eventuell nur Straße, Wohnort und Telefon des Herausgebers, werden in kleinerem Schriftgrad, vielleicht durch eine Linie abgetrennt, unterhalb des Namens angeordnet.
Die erste Seite des Newsletters wird wie jede erste Zeitungsseite einen Kasten mit dem Inhaltsverzeichnis enthalten, das alle oder die wichtigsten Artikel mit Seitennummern aufführt.
Die Beiträge des Newsletters können wie Zeitungsartikel auf einer Seite beginnen und auf Folgeseiten fortgeführt werden, damit man möglichst viele Artikel auf den ersten Seiten beginnen lassen und einen vorgegebenen Seitenaufbau ungeachtet der Artikellänge einhalten kann. So erhalten vor allem die ersten Seiten einer Publikation in jeder Ausgabe ein unverwechselbares Aussehen. Die Gestaltung eines Newsletters vereinfacht sich jedoch erheblich, wenn auf dieses Verfahren verzichtet wird. Noch weiter wird der Aufbau des Newsletters vereinfacht, wenn man Artikel grundsätzlich am Spaltenbeginn anfangen läßt. Dies empfiehlt sich vor allem für zeitschriftenähnliche Newsletter. In diesem Fall ist dafür zu sorgen, daß die Spalten durch Variation der Artikellänge bzw. durch Einfügen von Anzeigen oder kleinen umrahmten Artikeln aufgefüllt werden.
Wichtiges Gestaltungselement des Newsletters sind die Überschriften (Titel und Untertitel) und Zwischenüberschriften der Artikel. Um die Seiten nicht zu überladen, wird man zumeist nicht mehr als einen groß gesetzten Haupttitel und eine kleiner gesetzte Zwischenüberschrift wählen, wobei die Zwischenüberschrift auch als Untertitel direkt unter dem Titel stehen kann. Eventuell

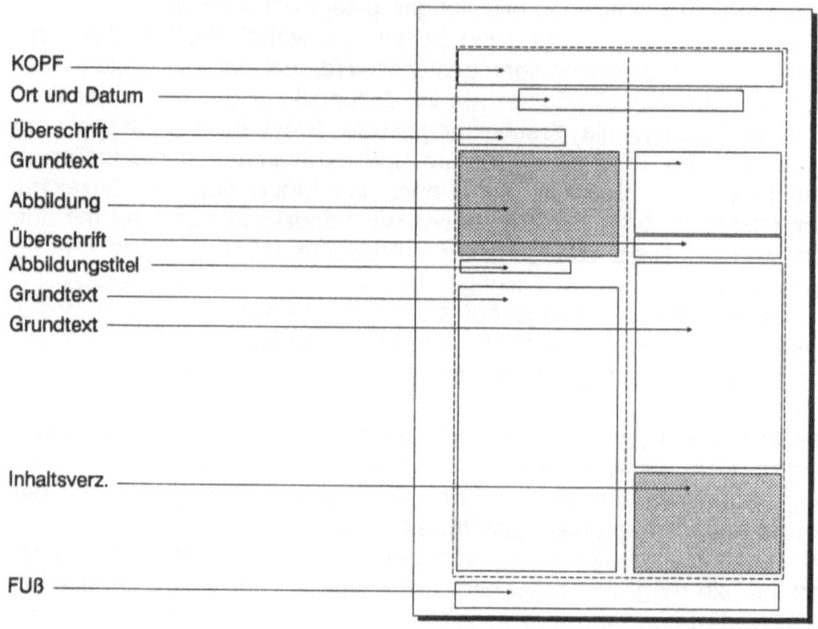

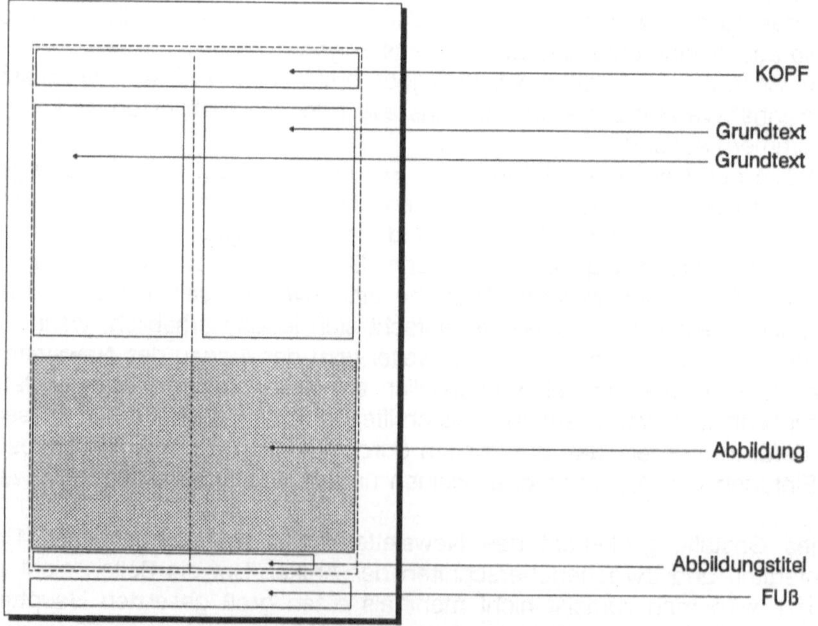

Abb. 4 Layout-Skizze für erste und zweite Seite eines Newsletters.

HP NEWS

Frankfurt, 1. August 1987

HP LaserJet Serie II

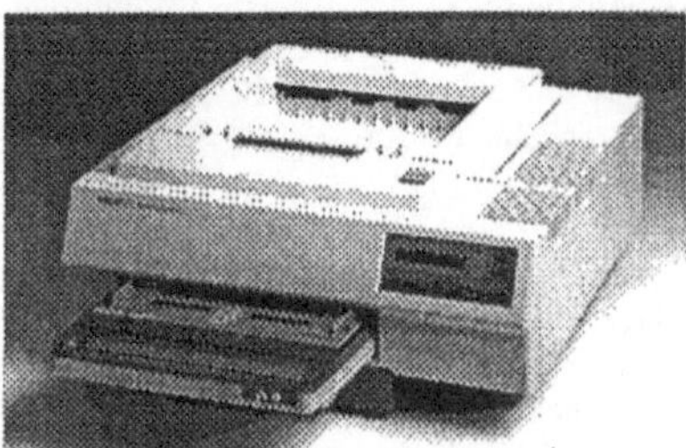

HP LaserJet Serie II

Der HP LaserJet Serie II ist das 100% kompatible Nachfolgemodelldes HP LaserJets, dem mit Abstand am meisten verkauften Tischlaserdrucker der Welt, und verfügt neben der größten Softwareunterstützung auch über genügend Speicher, um auch die komplexesten Grafiken in der maximalen Auflösung ausdrucken zu können (bis 4,5 MByte Speicher).

Der standardmäßige Speicher von 1,5 MByte kann in Schritten von je einem MByte auf insgesamt 5,5 MByte ausgebaut werden. Dieser Speicherausbau eignet sich besonders für Grafiken oder Anwendungen, die intensiv mit nachladbaren Schrifttypen oder hochauflösenden einseitigen Grafiken bis zum Format DIN A3 arbeiten.

Neben den 34 verschiedenen Zeichensätzen bietet der HP LaserJet 2000 eine Reihe von optionalen zusätzlichen mathematischen, wissenschaftlichen oder internationalen Symbolen, die ebenfalls in verschiedenen Schriftarten erhältlich sind. In Mehrbe-

nutzerumgebungen steht auf diese Weise eine reiche Schriftartenauswahl schnell und problemlos zur Verfügung. Der HP LaserJet 2000 unterstützt dabei gleichzeitig bis zu drei Schriftart-Kassetten sowie alle nachladbaren Schriftarten und elektronischen und Formularmasken.

HP ScanJet für den DTP-Bereich

Mit dem HP ScanJet erweitert Hewlett-Packard sein Peripherie-Angebot für den Desktop-Publishing-Bereich. Das neu Gerät ist für den Anschluß an einen Personal Computer ausgelegt und tastet als Flachbett-Scanner Vorlagen, Text, Grafiken und Dokumente elektronisch ab und überträgt die Informationen auf einen Plattenspeicher. Die abgetasteten und gespeicherten Informationen lassen sich am Bildschirm des PCs mit Texten und Grafiken zu druckreifen Vorlagen kombinieren und anschließend über einen Laserdrucker ausdrucken.

Im Gegensatz zu vielen anderen Scannern, die nur einzelne Blätter abtasten können, kann der HP ScanJet mit seinem Flachbett

Inhaltverzeichnis

Abb. 5 Newsletter (erste Seite).

HP News / Peripherie

unterschiedlichste Dokumente wie lose Blätter, gebundene Bücher, Fotografien, Zeitschriften und andere Schriftstücke in beliebigen Formaten einlesen.

Eine automatische Blattzufuhr für 20 Blätter ist als Zusatzeinrichtung erhältlich. Damit können mehrere Seiten eines Dokumentes hintereinander abgetastet werden.

Je nach Anwendung kann die Auflösung per Programm auf einen Wert zwischen 75 und 300 Punkten pro Zoll eingestellt werden. Die Abtastung und Speicherung einer vollen Seite benötigt bei einer Auslösung von 300 Punkten pro Zoll etwa 20 Sekunden.

Der HP ScanJet kann ein Bild bei der Abtastung vergrößern oder verkleinern und so dem zur Verfügung stehenden Platz des neuen Dokuments anpassen. Je nach Wahl der Auflösung läßt sich ein Bild auf 50 Prozent seiner ursprünglichen Größe verkleinern oder auf 200 % vergrößern.

Der HP ScanJet kann zwischen 16 verschiedenen Grauwerten unterscheiden, was der Qualität der erfaßten Bilder zugute kommt. Dabei lassen sich Binärdaten, gerasterte Daten und 4-Bit-Grauskalen auswerten.
Das neue Gerät wird mit dem Softwarepaket HP Scanning Gallery in der Version MS-DOS und MS-Windows geliefert. Mit diesem Programm lassen sich die abgetasteten Daten in unterschiedliche Dateiformate übertragen und zur weiteren Bearbeitung mit entsprechenden Anwendungsprogrammen speichern.

Der HP ScanJet ist mit einer speziellen bidirektionalen Centronics-Schnittstellenkarte ausgestattet, mit der die abgetasteten Bilddaten schnell zum Computer übertragen werden. Mit dieser Karte ist ein Anschluß an den HP Vectra PC, den IBM AT/XT sowie Industriestandard kompatible möglich.

Weitere Informationen unter der Kennziffer 11, 12, 13 un 14.

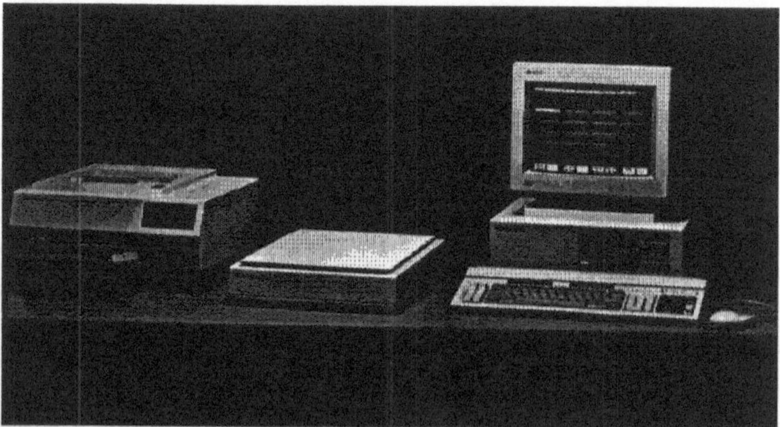

Mit dem HP ScanJet und dem HP LaserJet II wurde der Desktop-Publishing Bereich erweitert

HP News Nr.08/87   2

kann noch eine Autorzeile (Angabe des Autorennamens) aus einem kursiven Schnitt der Grundschrift zwischen Titel und Grundtext stehen.
Die Seite eines Newsletters weist wie auch die Zeitungsseite keinen besonders gestalteten Seitenfuß auf. Der Text aller Spalten sollte in der gleichen Zeile enden, d. h. die Schriftlinien der letzten Zeilen aller Spalten stehen auf der gleichen y-Position innerhalb der Seite.
Abbildungen können entweder innerhalb der Textspalten angeordnet werden oder die Spalten schneiden, d. h. über mehrere Spalten reichen. In letzterem Fall ist darauf zu achten, daß die Zuordnung der Abbildung zu einem Artikel eindeutig ist. Die Abbildung muß stets vom Text des zugeordneten Artikels umflossen werden und darf nicht in andere Artikel hineinreichen.
Der typografisch einfachste Newsletter ist der zweispaltige. Abbildungen stehen dabei innerhalb der Textspalten.

Der Bericht

Die Berichtsform wird man als Mitteilungsform überall dort wählen, wo Informationen wissenschaftlicher, technischer oder kaufmännischer Art für einen ausgewählten Adressatenkreis detailliert und erschöpfend dargestellt werden müssen. Der Bericht braucht typografisch nicht aufwendig gestaltet zu werden. Einfach gestaltete Berichte können aber durch konsequente Anwendung der wenigen in Frage kommenden Gestaltungselemente im Ausdruck sehr gewinnen. Sie können übersichtlicher und dadurch lesbarer werden.
Das einfachste Berichtsformat unterscheidet sich wenig von einem Manuskript. Pagina (Seitenzahl), Überschriften, Zwischenüberschriften und Grundtext sind die typografischen Elemente. Die Pagina steht in der Mitte des Seitenkopfes zentriert oder außen (links- oder rechtsbündig je nachdem, ob linke oder rechte Seite), der Grundtext wird aus einer Schreibmaschinenschrift wie Courier in 8 bis 12 Punkt linksbündig gesetzt. Die Gestaltung der Überschriften ist bedingt durch den Aufbau der Gliederung. Wählt man die wissenschaftliche Gliederung mit arabischen Ziffern (1.1.1.1), so sind nahezu beliebig viele Abstufungen möglich. Alle Überschriften können in diesem Fall aus der gleichen Schrift gesetzt werden. Wählt man keine Numerierung der Gliederungspunkte, können nicht mehr als ca. drei Gliederungsebenen erzeugt werden. In diesem Fall sollte man die Überschriften ersten, zweiten und dritten Grades typografisch voneinander abheben. Hierzu können sehr einfache Textauszeichnungen zum Einsatz kommen. Beispielsweise können die Überschriften der ersten Gliederungsebene durch Satz in Versalien, durch Unterstreichen und/oder durch Sperren hervorgehoben werden. Durch Zurücknehmen der Auszeichnungen können dann die Überschriften niederen Grades kenntlich gemacht werden. Alternativ dazu kann man Überschriften unterschiedlichen Grades durch Verwendung drei verschiedener Schriftgrößen voneinander abheben.
Ein ohne unterschiedliche Schriftgrößen und Schriften erstellter Bericht läßt sich im Grunde mit jeder Schreibmaschine ansprechend gestalten. Der Laserdrucker, angesteuert über entsprechende Software, verleiht Zugriff auf

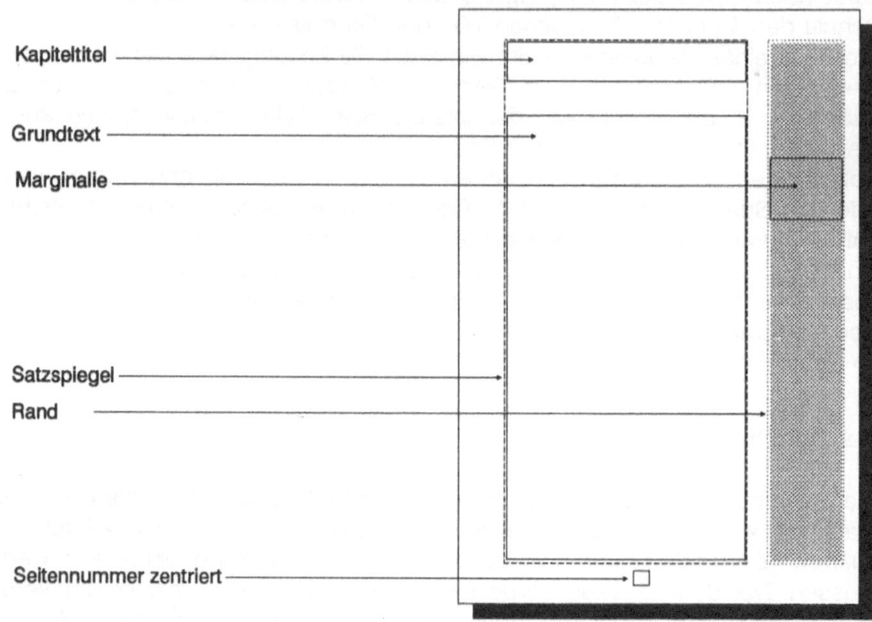

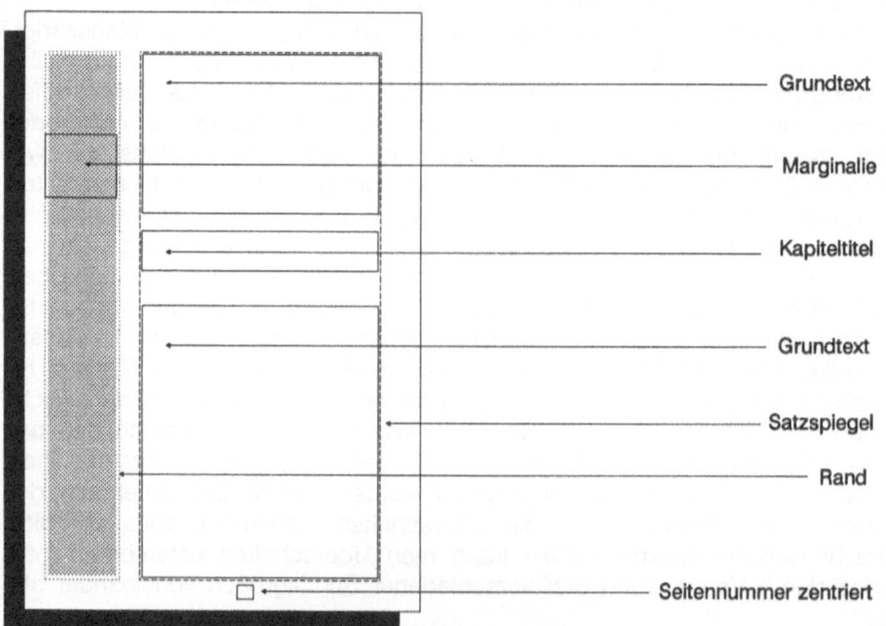

Abb. 7 Layout-Skizze für rechte (oben) und linke (unten) Seite eines Newsletters.

2 Netzkonzept und Nachfrageentwicklung

2.1 Einführung

Bild 1 vermittelt in schematisierter Form einen Überblick über das Entwicklungskonzept der öffentlichen Fernmeldenetze. Den Ausgangspunkt bildet die bestehende Infrastruktur (1984), die durch die getrennten Netze der Individualkommunikation "Fernsprechnetz" und "Integriertes Text- und Datennetz" (IDN) sowie durch die der Massenkommunikation dienenden Breitbandverteilnetze gekennzeichnet ist. Mit dem Angebot verschiedenartiger Dienste tragen diese technisch und betrieblich unterschiedlich konzipierten Fernmeldenetze der nachgefragten Nutzungsvielfalt zum heutigen Zeitpunkt weitgehend Rechnung.

Darstellung der Netzentwicklung anhand markanter zeitlicher Momentaufnahmen

Die Weiterführung in Richtung auf eine zukünftige Zielkonzeption erfolgt schrittweise in enger Kopplung an die Leistungsmöglichkeiten neuer Systemtechniken und dem Nachfragetrend nach neuen Telekommunikationsformen. Die in Bild 1 beschriebenen Zeitpunkte 1985, 1988, 1990 und 1992 charakterisieren - gewissermaßen als technologische Randbedingungen - die strategierelevanten netztechnischen Entwicklungschritte mit dem Zeitpunkt ihrer frühesten Verfügbarkeit.

Ausgangspunkt gekennzeichnet durch die Struktur Fernsprechnetz, Integriertes Text- und Datennetz, Breitbandverteilnetze

Entwicklungen, die innerhalb dieses aufgespannten Rahmenkonzeptes als Teilsysteme insbesondere der schnelleren Umsetzbarkeit und Verbreitung der einzelnen Phasen dienen, sind aus Gründen der Übersichtlichkeit nicht näher betrachtet. ...

2.2. Überblick über die Entwicklungslinie

Die verschiedenen Zeitspalten in Bild 1 zeigen den eindeutigen Trend, die teilweise parallel verlaufenden Innovationen auf den Gebieten Digitalisierung, ISDN* und Glasfasereinsatz in Richtung auf ein integriertes Gesamtangebot verschiedenartiger Fernmeldedienste zu steuern.

Trend zum integrierten Gesamtangebot verschiedenartiger Fernmeldedienste

Als Basisträger für den Bereich der schmalbandigen Fernmeldedienste fungiert hierbei das Fernsprechnetz. Mit Ausweitung der Digitalisierung bis zur Teilnehmeranschlußleitung ermöglicht das entstehende ISDN (ab 1988) die Abwicklung der bestehenden sowie zukünfigen Sprach-, Text-, Bild- und Datendienste mit 64 kbit/s über das herkömmliche Kupferleitungsnetz.

Integration für schmalbandige Dienste durch das ISDN, das sich aus dem digitalisierten Fernsprechnetz entwickelt

---

* ISDN: Integrated Services Digital Network

5

eine Vielzahl zusätzlicher typografischer Gestaltungselemente, die es erlauben, das Berichtslayout dem Buchlayout anzunähern und dadurch den Bericht klarer zu strukturieren und optisch aufzuwerten. In erster Linie ist das der freie Zugriff auf unterschiedliche Satzschriften. Hinzu kommt die Möglichkeit, Grafiken und über einen Scanner auch Fotografien in den Text einzustellen.

Variationen des Berichtslayouts sind möglich durch Einstellen des jeweils laufenden Kapiteltitels in einen Kolumnentitel am Kopf jeder Seite, Anordnung der Pagina am Seitenkopf oder Seitenfuß, Einstellen von Marginalien in einen entsprechend breit gestalteten rechten Rand. Marginalien sind Anmerkungen, die in inhaltlichem Zusammenhang zu dem neben ihnen erscheinenden Fließtextabschnitt stehen. Sie sind selbst nicht Bestandteil des Fließtextes, sondern stehen im Rand. Als Marginalien können in Büchern beispielsweise Zitate oder Bildunterschriften für kleine Abbildungen gesetzt werden. Wir zeigen hier als Beispiel einen Bericht, in dem die Highlights des Berichtstextes als Marginalien neben dem Text stehen. Die Kapitelüberschrift steht zwischen zwei Linien auf Satzspiegelbreite. Sie ist aus einer größeren Schriftgröße als der Grundtext gesetzt. Die Überschriften der zweiten Ordnung werden in der Grundschriftgröße fett gesetzt. Erste und zweite Überschriften beginnen mit der Nummer des jeweiligen Kapitels oder Abschnittes im Gliederungsaufbau. Eventuell auftretende Fußnoten werden durch Sternchen gekennzeichnet und direkt am Seitenfuß aufgeführt. Die Pagina steht zentriert am Seitenfuß. Ein so gestalteter Bericht macht dem Leser schon bei oberflächlicher Betrachtung den Aufbau und die wesentliche Punkte des Inhalts kenntlich.

Teil1 - Grundlagen

Leistungsmerkmale der Publikationssoftware

Für die typografische Gestaltung von Briefbögen und Formularen, Newslettern, Berichten und anderen Arbeiten auf dem Personal Computer stehen unterschiedliche Möglichkeiten zur Verfügung. Nicht unbedingt ist eine spezielle Software erforderlich. Aus jedem Texteditor heraus können Daten über die parallele oder serielle Schnittstelle des PC an den Laserdrucker übermittelt werden. Die Steuerung des HP LaserJet kann über Escape-Sequenzen erfolgen, die in den Text eingebettet werden oder von einem kleinen BASIC-Programm an den Drucker übermittelt werden. Auf diese Weise lassen sich selbst komplizierte Formulare gestalten. Spezielle Anwendungsprogramme erleichtern die Bedienung jedoch erheblich, ein Gesichtspunkt dem wir große Bedeutung beimessen. Desktop Publishing bezeichnet eben nicht nur Schriftsatz auf dem Personalcomputer, sondern auch den erreichten Standard bezüglich des Bedienungskomforts bei der Erstellung von Satz und Grafik. Daher liegt der Schwerpunkt dieses Buches auf der Darstellung komfortabler Lösungen wie sie durch Einsatz bestimmter Softwarepakete erreicht werden können.

Textverarbeitungsprogramme ohne WYSIWYG-Darstellung

Der Markt bietet heute eine Vielzahl sehr guter Textverarbeitungsprogramme, die nahezu alle über den gleichen Leistungsumfang verfügen. Natürlich wird man in diesem Bereich wie bei den meisten Produkten dazu neigen, eines der Programme zu wählen, die die weiteste Verbreitung gefunden haben. Denn bei der Wahl eines im Markt durchgesetzten Programms hat man immer die größte Gewißheit einer Kompatibilität zu anderen Programmen und einer Unterstützung durch Händler, Techniker, Schulungskräfte und Berater. Nur falls man ein bestimmtes wichtiges Leistungsmerkmal auf anderem Wege nicht bekommen kann, wird man sich für ein weniger verbreitetes, aber vielleicht leistungsstärkeres Programm entscheiden. Ein guter Spiegel für die erreichten Verkaufszahlen und die Verbreitung, die Programme gefunden haben, sind die Kursangebote der Schulungshäuser. Hier sind die Programme MS Word,

WordPerfect, Multimate, und WordStar, aber auch integrierte Pakete wie FrameWork von Ashton Tate und Lotus Symphonie meist stark vertreten.

Das Textverarbeitungsprogramm MS-Word von Microsoft bietet sehr gute Möglichkeiten zur Ansteuerung des HP LaserJet. Es stehen Treiber für den HP LaserJet, HP LaserJet Plus und HP LaserJet Series II mit folgenden Fontcartridges zur Verfügung: A mit Portrait Fonts, A mit Landscape Fonts, D, E, F mit Portrait Fonts. Ebenso für die Softfonts HP33412 in Landscape und Portrait. Damit werden die HP-Schriften Times, Helvetica, Courier und Lineprinter in verschiedenen Schriftgrößen unterstützt. Die größte Schriftauswahl innerhalb des gleichen Druckertreibers, also innerhalb eines Dokumentes hat man bei Einsatz der Softfonts. Es stehen hier zur Verfügung: Courier in 12 Punkt, LinePrinter in 8,5 Punkt, Times in 6, 8, 10, 12, 14, 18, 24 und 30 Punkt sowie Helvetica in 6, 10, 12, 14, 18, 24 und 30 Punkt. Times und Helvetica können von 8 bis 14 Punkt in normal und fett sowie jeweils in kursiv angewählt werden, in 18, 24 und 30 Punkt leider nur in fett und fett kursiv. Da für manche Anwendungen die Schriftgrößen in den Abstufungen 6, 8 10, 12 Pica-Point etwas zu klein ausfallen, stellt Microsoft einen speziellen Druckertreiber mit den Schriftgrößen 7, 9, 11, 14 Pica-Points zur Verfügung. In den mit Word 3.0 gelieferten Druckertreibern werden die 30-Punkt-Schriftgrößen noch nicht unterstützt. Da ab Version 4.0 des Programms auch Tabellen aus Tabellenkalkulationsprogrammen und Grafiken innerhalb des Textes zum Abdruck aufgerufen werden können, ist MS-Word durchaus als Desktop Publishing Programm anzusehen. Mit Programmversion 4.0 werden auch Druckertreiber ausgeliefert, die die nächste Generation der HP LaserJet Softfonts unterstützen, so u. a. Letter Gothic, Presentation, Pifont (Sonderzeichenfont), Mathfont, PCLine, Line Draw. Zum Schriftenangebot für den HP LaserJet bleibt anzumerken: Unter typografischen Gesichtspunkten ist es absolut erforderlich, für den HP LaserJet auch die Schriftgrößen über 14 Punkt in mager anzubieten und durch die Druckertreiber zu unterstützen. Für den Satz von Headlines sind Schriftgrößen von 48 Punkt aufwärts wünschenswert, zumal Laserdruckschriften aufgrund der Auflösung von 300 x 300 Punkten pro Zoll auf optischem Wege nicht mehr vergrößert werden sollten.
MS Word unterstützt nahezu alle Textformatierungsmöglichkeiten des HP LaserJet. Vor allem für Redaktion und typografische Gestaltung von Berichten und Newsletters ist MS-Word sehr gut geeignet. Da Text auch mehrspaltig umbrochen werden kann, ist es möglich, mehrspaltige Newsletter mit Word und dem HP LaserJet zu produzieren.
In der Praxis hat sich herausgestellt, daß 8 Punkt Schriften für den Satz von Zeitungen, Zeitschriften und Newsletters zu klein, die 10 Punkt Schriften aber zu groß sind. Die im europäischen Sprachraum gewohnheitsmäßige Anwendung der Schriftgröße 8 Punkt für die Grundschrift basiert auf der Anwendung des Didot-Maßsystems. Der HP LaserJet arbeitet mit Pica-Schriftgrößen, die im Vergleich zu den in Didot Punkt gemessenen Schriftgrößen kleiner ausfallen. Hewlett Packard bietet mittlerweile auch Zwischengrößen an. Es bleibt zu hoffen, daß diese auch alsbald durch die Druckertreiber der Textverarbeitungs-

S01	Helv BOLD	PS	6	8U	ABCDEfghij#$@[\]^`{	}~123 ÀÂ°ÇÑ¿¡£§êéàèëöÅØåæÄÜßÁÐÒ
S02	Helv BOLD	PS	8	8U	ABCDEfghij#$@[\]^`{	}~123 ÀÂ°ÇÑ¿¡£§êéàèëöÅØåæÄÜßÁÐÒ
S03	Helv BOLD	PS	10	8U	ABCDEfghij#$@[\]^`{	}~123 ÀÂ°ÇÑ¿¡£§êéàèëöÅØåæÄÜßÁÐÒ
S04	Helv BOLD	PS	12	8U	ABCDEfghij#$@[\]^`{	}~123 ÀÂ°ÇÑ¿¡£§êéàèëöÅØåæÄÜßÁÐÒ
S05	Helv BOLD	PS	14	8U	ABCDEfghij#$@[\]^`{	}~123 ÀÂ°ÇÑ¿¡£§êéàèëöÅØåæÄÜßÁÐ
S06	Helv BOLD	PS	18	8U	ABCDEfghij#$@[\]^`{	} ÀÂ°ÇÑ¿¡£§êéàèëöÅØåæ
S07	Helv BOLD	PS	24	8U	ABCDEfghij#$@[ÀÂ°ÇÑ¿¡£§êéàèëö
S08	Helv BOLD	PS	30	8U	ABCDEfghij#$ ÀÂ°ÇÑ¿¡£§êéà
S01	TmsRmn BOLD	PS	6	8U	ABCDEfghij#$@[\]^`{	}~123 ÀÂ°ÇÑ¿¡£§êéàèëöÅØåæÄÜßÁÐÒ
S02	TmsRmn BOLD	PS	8	8U	ABCDEfghij#$@[\]^`{	}~123 ÀÂ°ÇÑ¿¡£§êéàèëöÅØåæÄÜßÁÐÒ
S03	TmsRmn BOLD	PS	10	8U	ABCDEfghij#$@[\]^`{	}~123 ÀÂ°ÇÑ¿¡£§êéàèëöÅØåæÄÜßÁÐÒ
S04	TmsRmn BOLD	PS	12	8U	ABCDEfghij#$@[\]^`{	}~123 ÀÂ°ÇÑ¿¡£§êéàèëöÅØåæÄÜßÁÐÒ
S05	TmsRmn BOLD	PS	14	8U	ABCDEfghij#$@[\]^`{	}~123 ÀÂ°ÇÑ¿¡£§êéàèëöÅØåæÄÜßÁÐÒ
S06	TmsRmn BOLD	PS	18	8U	ABCDEfghij#$@[\]^`{	} ÀÂ°ÇÑ¿¡£§êéàèëöÅØåæÄ
S07	TmsRmn BOLD	PS	24	8U	ABCDEfghij#$@[\ ÀÂ°ÇÑ¿¡£§êéàèëöÅ
S08	TmsRmn BOLD	PS	30	8U	ABCDEfghij#$ ÀÂ°ÇÑ¿¡£§êéàè

Abb. 9   HP Softfonts in Helvetica und in Times, in verschiedenen Schriftgrößen.
Mehr als 20% verkleinert.

und Publikationsprogramme unterstützt werden. Wie bereits erwähnt ist dies in MS Word Version 4.0 der Fall.

Das Textverarbeitungsprogramm WordStar ist das Programm, das bereits am längsten auf dem Markt ist. Es war lange Zeit das meistverkaufte Textverarbeitungsprogramm. Es wurde ursprünglich für Typenraddrucker konzipiert, was man diesem Programm immer noch anmerkt. Auch liegt ein Druckertreiber für den HP Laserjet nicht vor. Der Standarddruckertreiber kann jedoch über das Installationsprogramm WINSTALL an den HP LaserJet angepaßt werden. Die erforderlichen Einstellungen findet man im HP LaserJet Users Manual. Die Wordstar Versionen 3.30 und 3.31 verfügen allerdings nicht über die Möglichkeit Texte mit Proportionalschriften auszuschließen. Nur mit Hilfe von Zusatzpaketen ist daher in WordStar eine typografische Textverarbeitung möglich. Ein solches Zusatzprogramm ist beispielsweise Computersatz, daß auch die Erstellung einfacher Grafiken, Tabellen mit Spaltenlinien und Formulare mit WordStar ermöglicht.

Während ab MS Word 3.0 die Unterprogramme zum Erstellen von Konzepten und Gliederungen, von Indizes, zum Ausdruck von Serienbriefen und zur Rechtschreibkorrektur bereits intergriert sind, müssen bei WordStar hierfür Zusatzprogramme installiert werden. Das Zusatzprogramm Mailmerge verfügt dann allerdings auch über die Adressenverwaltung Staradress, das Zusatzprogramm Starindex über die Taschenrechnerfunktion Microcalc. Eine Gliederungsfunktion gibt es zu WordStar nicht. Dafür erhält man aber bereits in Version 3 ein Zusatzprogramm zum Einfügen von Grafikdokumenten in den Text, eine Funktion, die bei MS Word erst ab Version 4 erhältlich ist.

Zu den Programmen WordStar Professional, WordStar 2000 und WordStar extra liegen Druckertreiber für den LaserJet vor. Diese Programme wurden zur Ansteuerung bereits vorhandener Matrix- und Laserdrucker geschrieben.

FrameWork integriert die Textverarbeitung in ein Komplettpaket, das auch Datenbank, Tabellenkalkulation, Geschäftsgrafik und Datenkommunikation umfaßt. FrameWork verfügt über Druckertreiber für die verschiedenen HP LaserJet-Modelle, erlaubt allerdings die Ansteuerung des vollen Schriftenumfangs nur über Escape-Sequenzen. Die Eingabe der Escape-Sequenzen ist problemlos, da das Druck-Menü des Programms hierfür eine Funktion vorsieht. FrameWork kann Textdateien mit dem Textprogramm MultiMate austauschen, das über sehr reichhaltige Funktionen für die Textbearbeitung und Textformatierung verfügt. Dieses Programm unterstützt auch verschiedene HP LaserJet-Schriften. Eine besonders interessante Funktion, die MultiMate gegenüber anderen Programmen auszeichnet, ist die Makrofunktion. Mit dieser Funktion können im Unterschied zum Textbaustein sämtliche Tastenanschläge, also auch Befehle, abgespeichert und durch einen Tastenschlüssel an beliebiger Stelle im Text wiederholt werden. In Kombination von MultiMate und FrameWork ergibt sich eine optimale Nutzung sämtlicher PC-Funktionen für die Gedankenarbeit in Verbindung mit einer komfortablen Ansteuerung des HP LaserJet-Druckers. Grafikframes können nur in FrameWork und nicht in MultiMate eingestellt werden. Ashton Tate, Vertreiber von FrameWork und MultiMate, bietet inzwischen auch spezielle Programme zur Erstellung von Grafiken aus FrameWork-Tabellen sowie zur Erstellung von Textfolien, Diagrammen und Landkarten an, in denen verschiedene Schrifttypen zum Einsatz kommen können.

Textverarbeitungsprogramme mit WYSIWYG-Benutzeroberfläche

Bei der Anwendung von Fotosatzschriften in unterschiedlichen Schriftgrößen ist es durchaus wünschenswert, die verschiedenen Schriftschnitte und -größen auch auf dem Bildschirm zu sehen. Nur so ist es möglich, ein Dokument komplett auf dem Bildschirm zu gestalten und den Korrekturaufwand auf ein Minimum zu reduzieren. Leider muß hier sehr deutlich festgestellt werden, daß es ein gutes Textverarbeitungsprogramm mit WYSIWYG-Benutzeroberfläche derzeit auf dem Markt nicht gibt. Zu berücksichtigen ist bei Feststellung dieses Mangels, daß die komplexen Funktionen einer umfassenden Textbearbeitung und -formatierung nur schwer mit einer grafischen Benutzeroberfläche kombiniert werden können. Denn die grafische Benutzeroberfläche macht die Programme ohnehin umfangreicher. Konsequenz ist ein Rückgang der Ablaufgeschwindigkeit und eine Zunahme der erforderlichen Kapazität des Arbeitsspeichers. Insofern hat die Trennung zwischen reiner Textbearbeitung ohne WYSIWYG-Darstellung der Textauszeichnungen und der endgültigen typografischen Bearbeitung einschließlich Umbruch unter einer grafischen Benutzeroberfläche ihre Berechtigung. Die gegenwärtige Lage ist jedenfalls so, daß komfortable Textbearbeitung und Formatierung mit WYSIWYG-Darstellung nicht innerhalb eines Programmes durchgeführt werden können. Eine Ausnahme bietet das Programm ScienTEX (im Vertrieb der Midas GmbH), das einen umfangreichen Texteditor und Layoutgestaltung unter einer WYSIWYG-Oberfläche bietet. Das Programm eignet sich für den mathematischen Formelsatz, fällt aber als Textverarbeitungsprogramm hinter Standardprogramme zurück. Beispielsweise können keine Kopfzeilen erzeugt werden. Will man bei der Textverarbeitung auf die WYSIWYG-Darstellung nicht verzichten, dürfte die gelungenste Lösung die gemeinsame Anwendung von MS Word und Windows Write unter der Benutzeroberfläche Windows sein. In diesem Fall wird man die organisatorische Trennung der redaktionellen Bearbeitungsphase (mit Word) von der typografischen (mit Write) strikt einhalten.
Bei der redaktionellen Bearbeitung macht man sich die Vorteile von MS-Word für das Konzipieren, Gliedern und Indizieren von Texten zunutze. Nach Abschluß dieser Arbeiten übernimmt man die fertigen Textdokumente in das Textverarbeitungsprogramm Windows Write. Hier hat man nun die Möglichkeit, sämtliche Schrifttypen des HP LaserJet anzuwählen, auf dem Bildschirm darzustellen und Grafiken aus Grafikprogrammen in den Text einzustellen. Allerdings gehen eine Reihe von Formatierungen, die in Word möglich sind, bei der Konvertierung der Texte in das Write-Format verloren.[*] Die Schwachstellen von Write gegenüber Word liegen darin, daß ein mehrspaltiges Layout nicht unterstützt wird, Bereichsformatierungen und Formatierungen über Druck-

---

*)   Vergleiche Microsoft Windows Write Textverarbeitungsprogramm, Benutzerhandbuch, Seite 87.

formatvorlagen nicht übernommen werden. Fußnoten werden als Absätze am
Ende des Textes dargestellt. Indizes und Inhaltsverzeichnisse können mit
Word erstellt und anschließend als separate Textdateien mit Write weiter-
bearbeitet werden. Das Einstellen von Grafiken in Write-Dateien ist etwas zeitaufwendig. Für Anwendungen, in denen wenige grafische Illustrationen oder
gescannte Vorlagen verarbeitet werden müssen, ist die beschriebene Lösung
jedoch sehr gut geeignet. Windows bietet darüberhinaus sowohl die Möglichkeiten der Terminverwaltung als auch ein einfaches Malprogramm. Unter Windows kann das sehr vielseitige Grafikprogramm Microsoft Windows Draw eingesetzt werden.

Grafikprogramme

Unter dem Oberbegriff Grafikprogramme wird eine Reihe unterschiedlicher
Programmtypen zusammengefaßt. Eine Gruppe von Grafikprogrammen unterstützt die Erstellung von Präsentationscharts. Unter dem Begriff Charting-
Programme könnte man die Grafikprogramme dieses Typs zusammenfassen.
Einige von ihnen bieten die für die Chart-Erstellung benötigten grafischen Funktionen in standardisierter Form an. Hierzu gehören Programme, die Daten aus
Tabellenkalkulationsprogrammen in grafische Darstellungen umsetzen. Sie
automatisieren die Erstellung von Kuchen-, Linien-, Balken- und Landkarten-
diagrammen. Andere Programme legen den Schwerpunkt auf Textcharts und
unterstützen die Erstellung und Verwaltung von grafischen Symbolen, Rahmen, Linien, etc. zur Strukturierung solcher Charts. Zu den Charting-Programmen gehören die Hewlett Packard Charting Gallery, GEM-Graph, GEM-Map-
Editor, GEM-Word-Chart die Ashton Tate Master Graphics Serie mit den Bau-
steinen Chart-Master, Sign-Master, Diagramm-Master und Map-Master sowie
das erfolgreiche Programm Microsoft Chart. Von den Charting-Programmen
sind solche Grafikprogramme zu unterscheiden, mit denen die Erstellung freier
Zeichnungen möglich ist. Wir bezeichnen diese Programme als Zeichenprogramme. Auch mit Ihnen lassen sich Charts erstellen, die dazu erforderlichen Arbeitsschritte lassen sich aber nicht automatisieren. Ihr Schwerpunkt
liegt auf der Erstellung freier Grafik, für die die immer wieder verwendeten
Grundelemente Gerade, Kurve, freie Linie, Kreis, Elipse, Rechteck, Quadrat in
unterschiedlichen Strichstärken und -arten sowie Füllmuster zur Verfügung gestellt werden. In diesen Bereich gehören Hewlett Packard Drawing Gallery, MS
Windows Draw, GEM Draw und ähnliche. Diese Programme sind bei einge-
schränktem Leistungsumfang funktionell den CAD-Programmen ähnlich.
Jemand, der viel zu zeichnen hat, fährt eventuell mit einem CAD-Programm,
wie Auto-CAD besser. CAD-Programme haben ihr Haupteinsatzgebiet dort, wo
exakte technische Zeichnungen zu erstellen sind.
Eine weitere Gruppe von Grafikprogrammen bilden die Malprogramme. Ihre
Abgrenzung von den Zeichenprogrammen ist nicht strikt vorzunehmen.
Grundsätzlich unterscheiden sie sich von den Zeichenprogrammen dadurch,
daß der Benutzer hier Zugriff auf die einzelnen Pixel nimmt, aus denen er sein
Bild aufbaut, indem er sie schwärzt oder weiß läßt. Zwar werden auch hier Ele-

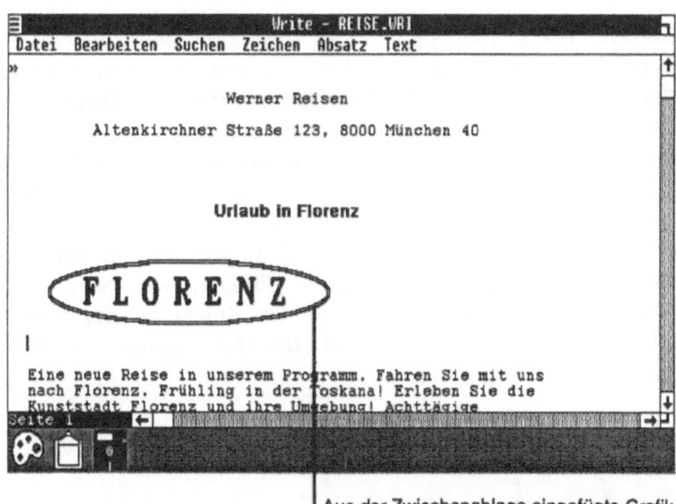

Aus der Zwischenablage eingefügte Grafik

Abb. 10   Text im Write-Bildschirm. (Quelle: MICROSOFT Windows Write Benutzerhandbuch).

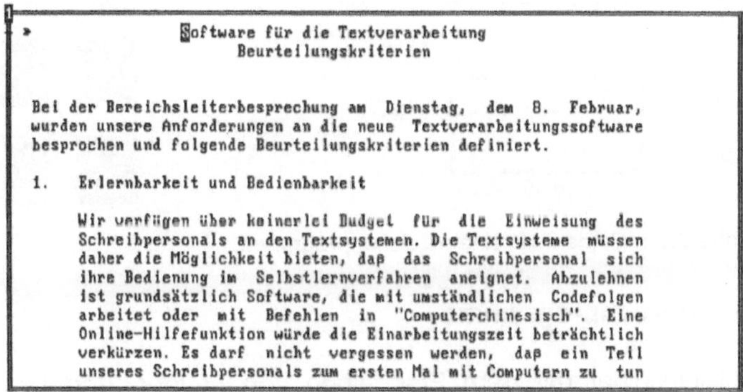

Abb. 11   Text im Word-Bildschirm. (Quelle: MICROSOFT Word Benutzerhandbuch).

mente wie Gerade, Kreis, Rechteck angeboten, um die Arbeit zu erleichtern. Nachdem ein solches Element einmal plaziert wurde, kann es aber als solches nicht mehr definiert, umplaziert oder gelöscht werden. Die Bearbeitung erfolgt nicht objektbezogen sondern auf die eingefärbte Fläche bezogen. Erstellt wird eine Bit-Map-Grafik im Unterschied zur Vektorgrafik der Zeichenprogramme. Der unterschiedliche Ansatz erlaubt es, in Malprogrammen Werkzeuge zur Verfügung zu stellen, die dem Grafiker vertraut sind. Beispielsweise arbeitet man zur Einfärbung von Flächen mit Sprühdose, Zeichenstift und Pinsel. Malprogramme kommen daher dort zum Einsatz, wo nicht geometrisch, sondern bildhaft gezeichnet werden soll. In die Kategorie der Malprogramme gehören PC Paintbrush (im Vertrieb auch als MS Paintbrush), MS Windows Paint, GEM-Paint, etc.

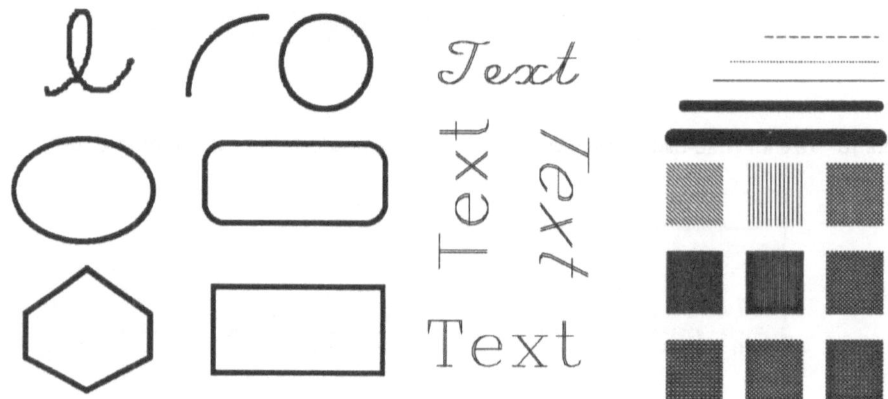

Abb. 12   Grafische Grundelemente in einem Zeichenprogramm.

Layout- und Umbruchprogramme

Desktop Publishing hat mit dem Erscheinen von Layout- und Umbruchprogrammen auf dem Markt seinen Anfang genommen. Diese Programme bieten aufgrund der WYSIWYG-Darstellung Kontrolle über die typografische Gestaltung des Textes schon auf dem Bildschirm. Der Korrekturaufwand und die Verbrauchskosten für Papier und Drucktoner verringern sich dadurch erheblich. Darüberhinaus bieten Layout- und Umbruchprogramme gegenüber Desktop Publishing mit Textverarbeitungsprogrammen wie Word den Vorteil einer völlig freien Seitengestaltung und eines wesentlichen größeren Spielraumes bei der Textauszeichnung. Text kann nun in beliebigen Portionen in beliebige Ausschnitte der Druckseite gestellt werden (Zeitungslayout). Das Einstellen von Grafiken war bislang kaum oder nur unter Ausschaltung der optischen Kontrolle auf dem Bildschirm möglich. Die Layoutprogramme machen die Kombination von Text und Bild bei gleichzeitiger Kontrolle am Bildschirm nun völlig problemlos. Es ist ein großer Vorteil dieses Programmtyps, daß Grafiken unter optischer Kontrolle an beliebigen Positionen innerhalb der Seite plaziert werden können, Text um Abbildungen herumlaufen kann, etc. Das erste Programm dieser Art auf dem deutschen Markt war PageMaker. Page-Maker erlaubt eine Arbeitsweise, die sich stark an die Arbeit beim Klebe-umbruch auf dem Leuchttisch anlehnt. Was bedeutet das? Page Maker stellt eine Arbeitsfläche zur Verfügung, die größer als die bearbeitete Seite ist. Inner-halb dieser Fläche kann eine Seite in frei wählbarem Format einzeln oder auch als Doppelseite angeordnet werden. Zu jedem Dokument gehören zwei Layout-seiten für die rechte und linke Seite. Alle Elemente, die innerhalb dieser Layout-seiten angeordnet werden, erscheinen auf allen Seiten des Dokumentes wieder. Die verschiedenen Seiten des Dokumentes werden nach Erstellung des Layouts angesteuert. Manuell werden nun einzeln aufgerufene Text- oder Grafikdokumente in die Seiten plaziert. Da die Arbeitsfläche größer als die bear-beitete Seite ist, können auf ihr Text- und Bildelemente wie auf dem Arbeits-tisch zwischenzeitlich abgelegt werden. Das freie Gestalten mit unterschied-lichen grafischen Elementen wird dadurch sehr gut unterstützt.

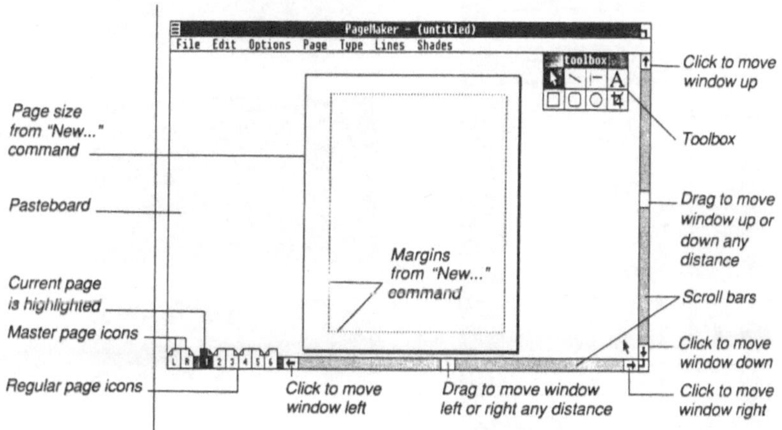

Abb. 13   Seitenmontage mit PageMaker. (Quelle: PageMaker Handbuch).

PageMaker erlaubt den Umbruch mehrspaltiger Dokumente über mehrere Seiten. Es verfügt über einen einfachen Text- und Grafikeditor. Text- und Gra-fikdokumente können beliebig gemischt werden. Das Programm ist vor allem für Dokumente mit sehr freiem Layout und wenigen Wiederholungen sehr gut geeignet. Bei Umbruch längerer gleichförmiger Textdokumente läßt es Auto-matismen für die Formatierung und für den Umbruch vermissen. Soll ein ein-mal erstelltes Layout zur Formatierung unterschiedlicher Dokumente verwen-det werden, so ist eine Datei, die nur die beiden Layoutseiten enthält, separat abzuspeichern und stets zu duplizieren, wenn dieses Layout verwendet wer-den soll. PageMaker wird unter der Windows-Benutzeroberfläche von Micro-soft betrieben und bietet optimale Möglichkeiten zur Ansteuerung sämtlicher HP LaserJet-Modelle.

Bald nach PageMaker kam Ventura Publisher auf den Markt. Ventura Publisher ist im Layoutsatz vielseitiger als PageMaker, vor allem aber bietet das Programm eine Vielzahl von Automatismen, die für den routinierten Anwender, Formatierung und Umbruch vor allem langer Texte wesentlich erleichtern. Ventura Publisher arbeitet mit Rahmen und Absatzformaten. Nahezu alle die Seitenaufteilung betreffenden Merkmale werden den Rahmen zugeordnet. Die Absatzformate enthalten im wesentlichen textbezogene Formatierungen und können, nachdem sie einmal definiert wurden, beliebig vielen gleichgestalteten Absätzen zugeordnet werden. Werden nun an einem dieser Absätze Veränderungen durchgeführt, so werden diese automatisch Bestandteil des zugehörigen Absatzformates und wirken sich auf alle gleichformatierten Absätze aus.

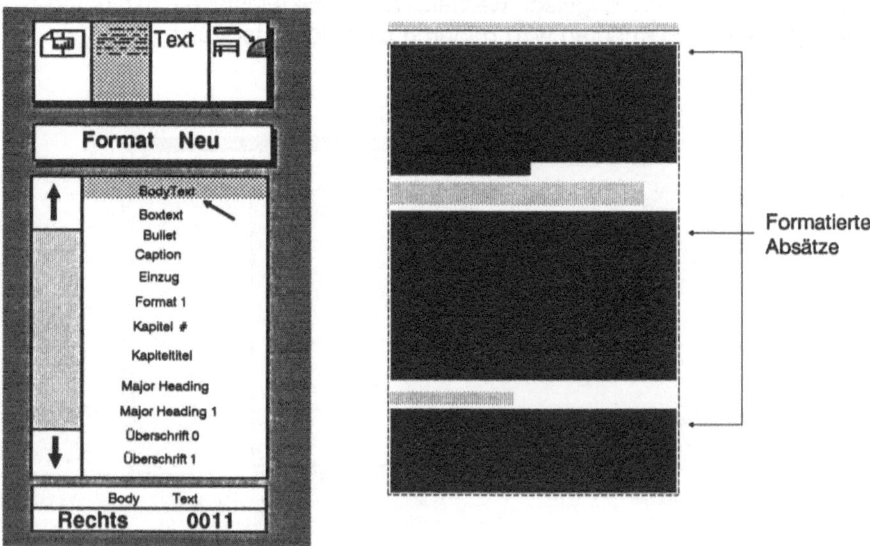

Abb. 14   Absatzformatierung mit Ventura Publisher.

Rahmen können beliebig ineinander verschachtelt werden, wobei jeder Rahmen unabhängig von allen anderen wie eine komplette Seite formatiert werden kann. So können beispielsweise für jeden Rahmen Spalten, Umrandungen, etc. definiert werden. Auch für die Verwaltung kompletter Publikationen verfügt Ventura Publisher über sehr elaborierte Funktionen, so daß sich hier ein Vergleich mit PageMaker nahezu verbietet. Die Funktionen sind in Bezug auf die Erstellung von Inhaltsverzeichnissen denen von Microsoft Word ähnlich, bieten aber einen weitaus höheren Bedienungskomfort. Mehr noch, können verschiedene Kapiteldateien zu kompletten Publikationen zusammengefaßt werden. Über vollständige Publikationen können Kapitel-, Abschnitts-, Abbildungs- und Tabellennummern verwaltet sowie Indizes, Inhalts- und Abbildungsverzeichnisse erstellt werden. Mit Ventura Publisher erstellte Layouts werden generell in separaten Dateien abgelegt und können zur Gestaltung beliebig vieler Dokumente wieder verwendet werden. Ventura Publisher verfügt über einen Text-, Grafik-, Rahmen- und Absatzformat-Editor. Text und Bild können beliebig gemischt werden. Ventura Publisher ist ein Programm, das unter Verwendung der GEM-Progammier-Tools erstellt wurde und viele Ähnlichkeiten mit anderen GEM-Programmen aufweist. Die Ansteuerung aller HP LaserJet-Modelle ist optimal gelöst. Ventura Publisher wird mit eigenen zum HP LaserJet kompatiblen Fotosatzschriften geliefert, die über einen erweiterten Zeichensatz mit einer Reihe von Sonderzeichen verfügen. Ein Zeichensatz für wissenschaftliche Formeln wird ebenfalls mitgeliefert.

Spezialprogramme

Als Spezialprogramme bezeichnen wir Programme, die entweder für ganz spezielle Anwendungen konzipiert wurden oder in typografischer Hinsicht die bisher genannten übertreffen.

Es gibt für MS-DOS-Rechner inzwischen eine Vielzahl von Satz- und Grafikprogrammen, die über den Bedarf des durchschnittlichen Desktop Publishers weit hinausgehen und nur für den Personenkreis in Betracht kommen, der überwiegend publizistisch arbeitet.[*] Als grafische Programme sind hier die CAD-Programme für das technische Zeichnen zu nennen, die sich auch für illustrative Grafik gut eignen. Hierzu gehört das Programm AutoCAD von AutoDesk. Für den Satzbereich gibt es unter MS-DOS eine Reihe von Programmen für den Zeitungs-, Zeitschriften- und Werksatz, die an professionelle Satzsysteme heranreichen oder diese übertreffen. Eines dieser Programme ist Textline, das unter Federführung eines deutschen Software-Hauses entwickelt wurde.

Als Programme für Spezialanwendungen sind insbesondere solche für den technisch-wissenschaftlichen und fremdsprachlichen Schriftsatz sowie ausgesprochene Formularsatzprogramme zu nennen. Programme für den technisch-wissenschaftlichen Satz müssen nicht nur über spezielle Schriftzeichen verfügen – dies gilt auch für den Fremdsprachensatz, sondern auch den Aufbau komplexer wissenschaftlicher Formeln gestatten. So muß es möglich sein, beispielsweise Wurzelzeichen oder Integrale in beliebigen Größen zu setzen und diesen weitere mathematische Formelbestandteile zuzuordnen. Im chemischen Formelsatz muß der Aufbau komplexer Strukturformeln in beliebiger Größe unterstützt werden. Programme, die diesen Anforderungen genügen sind T^3 und Scientex bzw. ScienTEX Publisher.

Formularsatzprogramme automatisieren das Erstellen von Formularen. Sie bieten komfortable Möglichkeit zur Erstellung tabellarischer Dokumente, zum Einziehen von Spaltenlinien und Unterlegen der Spalten mit Rastern und Mustern. Außerdem gestatten Sie unter Ausnutzung der Makro-Funktion des HP LaserJet den gemeinsamen Ausdruck von Formularen und eingestellten

---

[*]	Vergleiche Marktübersicht PC-Satzprogramme in Flasche/Posada, Das Desktop Publishing Handbuch, Vieweg, 1987. Die Marktübersicht befindet sich im Anhang.

Daten. Beim Druck mehrerer Exemplare des gleichen Formulares, in die jeweils unterschiedliche Daten eingestellt werden, wird das Formular nur einmalig zum Drucker geschickt und dort im Arbeitsspeicher gehalten. Ein solches Programm ist FormMaker.

Zusammenfassung

Unsere kleine Marktübersicht der Publikationssoftware ergibt folgendes Resultat: Es lassen sich vier Leistungsstufen beim Einsatz von Textverarbeitungs- und Publikationssoftware unterscheiden. Die Einstufung ergibt sich aufgrund der Merkmale, die in der folgenden Tabelle dargestellt werden.

	Leistungsstufe 1	Leistungsstufe 2	Leistungsstufe 3	
	MS Word u. ä.	WindowsWrite	PageMaker	Ventura P.
Mehr-spaltigkeit	ja	nein	ja	ja
Freies Layout	bedingt	nein	ja	ja
WYSIWYG	bedingt	ja	ja	ja
Grafik einstellen	bedingt	ja	ja	ja
Umbruch längerer Texte	ja	bedingt	bedingt	ja
Wissenschaftlicher Satz	bedingt	bedingt	ja	ja
Fremdsprachensatz	bedingt	bedingt	ja	ja
Formularsatz	bedingt	bedingt	bedingt	bedingt

Leistungsstufe 1 umfaßt die einfache Bearbeitung von Textdokumenten, die allerdings durch elaborierte Textverarbeitungsprogramme wie Microsoft Word und Multimate von Ashton Tate sehr komfortable durchgeführt werden kann. Einstellen von Grafiken ist hier nicht oder nur bedingt möglich. Leistungsstufe 2 umfaßt die Textverarbeitung mit der Möglichkeit, Grafiken unter optischer

Kontrolle am Bildschirm einzustellen wie sie Windows Write bietet. Leistungsstufe 3 umfaßt freie Layoutgestaltung und Umbruch komplexer mehrseitiger Dokumente. Eine weitere Leistungsstufe umfaßt spezielle Anwendungen wie den komplexen Buchumbruch, Sonderaufgaben im Bereich wissenschaftlicher Satz, Fremdsprachensatz und Formularsatz und andere Anwendungen mit überdurchschnittlichen Anforderungen an die Software.

	Spezielle Anwendungen			
	FormMaker	ScienTEX	T^3	Ventura Publisher
Mehr-spaltigkeit	ja	ja	ja	ja
Freies Layout	ja	bedingt	ja	ja
WYSIWYG	ja	ja	ja	ja
Grafik einstellen	ja	ja	nein	ja
Umbruch län-gerer Texte	nein	ja	ja	ja
Wissenschaft-licher Satz	nein	ja	ja	bedingt
Fremdspra-chensatz	nein	ja	ja	ja
Formularsatz	ja	bedingt	bedingt	bedingt

Einsatzbereiche und Leistungsstufen

In unterschiedlichsten Bereichen wird Publikationssoftware zur Erstellung von Dokumenten auf Personalcomputern eingesetzt. Der folgende Überblick über mögliche Anwendungen erhebt keinen Anspruch auf Vollständigkeit. Wir wollen Anregungen für das Publizieren mit dem HP Vectra Personalcomputer und dem HP LaserJet geben. Zugleich sollen die Anforderungen unterschiedlicher Anwendungsbereiche an die Leistungsfähigkeit der Software ermittelt werden. Letzteres kann natürlich in dem hier gesetzten Rahmen nur in Grundzügen geschehen.

Autoren, Buchverlage und Zeitschriften

Das traditionelle Publikationswesen wird natürlich für den Einsatz neuer Publikationstechniken das größte Einsatzfeld bieten. Schon lange konvertieren Verlage und Setzereien von Autoren mit unterschiedlichen Textsystemen erfaßte Texte zur Weiterbearbeitung mit ihrem jeweiligen Satzsystem. Und obwohl das Desktop Publishing nicht in erster Linie auf diesen Bereich zielte und vielfach als Konkurrenz zum traditionellen Publikationsweg verstanden wurde, haben sich gerade Verlage von Anfang an besonders für diese neue Technik interessiert. Bei einem großen Teil der von Verlagen publizierten Bücher, insbesondere aus dem Bereich der wissenschaftlichen und technischen Fachliteratur, kommt es nicht auf excellente Satzqualität, sondern in erster Linie auf schnelle und kostengünstige Produktion an. Vor allem für die Produktion von Büchern aus diesem Bereich - und nicht zuletzt Bücher über das neue und schnell wachsende Wissensgebiet der PC-Anwendungen stehen hier im Vordergrund - setzen Verlage zunehmend Personalcomputer und Laserdrucker zur satztechnischen Produktion ein. Hier fällt es kaum noch ins Gewicht, daß das Schriftbild eines Laserdruckers, der eine Auflösung von 300 x 300 Punkte pro Zoll bietet, nicht so gestochen scharf sein kann, wie das eines Fotosatzbelichters mit 1000 x 1000 oder mehr Punkten pro Zoll. Vielfach werden Druckvorlagen heute von Manuskripten erstellt, die mit Typenrad oder Matrixdruckern erstellt wurden. Vielfach wurde auch die erste Generation des HP LaserJet mit einer Auflösung von 150 x 150 Punkte pro Zoll bereits in Verlagen zur Erstellung von Druckvorlagen eingesetzt. Die ausgereifte zweite Generation, der HP LaserJet Series II, bietet nun ein Schriftbild hoher Qualität und stellt für die Erstellung von Druckvorlagen in dem genannten Bereich eine ausgezeichnete Alternative zum Fotosatz dar. Welche Software kann im Verlag sowie bei der Kooperation von Autoren und Verlagen zum Einsatz kommen? Auf der Produktionsseite muß ein Programm vorliegen, daß die typografische Gestaltung kompletter Buchseiten und den Umbruch ganzer Bücher gestattet. Ventura Publisher ist ein durchaus auch für diesen professionellen Bereich geeignetes Programm. Einschränkungen sind im Bereich der zur Verfügung stehenden Satzschriften und bei der Bearbeitungsgeschwindigkeit zu sehen. Die geringe Zahl der einsetzbaren Schriften dürfte aber für den Bereich der Aktuellen Fachliteratur nicht problematisch sein. Mit Ventura Publisher Version 1.1 wurden erfreulicherweise Einschränkungen bezüglich der Dateilänge aufgehoben und die Anzahl benutzbarer Absatzformate erweitert. Vielleicht kann sich Ventura Software auch noch entschließen das Textfenster bei der Bearbeitung automatisch mitlaufen zu lassen und mehr als 10 Absatzformate auf Funktionstasten zu übernehmen. Dann wird Ventura Publisher auch für die Gestaltung und den Umbruch längerer Werke sehr gut geeignet sein. Ein PC mit 386er Prozessor kann die Geschwindigkeit verbessern.

Auf der redaktionellen Seite erlaubt Ventura Publisher die Vorformatierung des Textes durch Eintasten von Ventura Absatzformaten und Textauszeichnungsbefehlen in die Dateien eines Textverarbeitungsprogramms. Der Autor kann dadurch die Gestaltung seinen Wünschen entsprechend vorprogrammieren und damit dem Verlag ein erhebliches Stück des Produktionsaufwandes abnehmen. Dies wird zur Verkürzung der Produktionszeiten beitragen und zu aktuelleren Fachbuchpublikationen führen. Für die genannten Arbeiten sind Textverarbeitungsprogramme wie Word, WordStar und MultiMate sehr gut geeignet. Die Ventura-Befehle können hier durch Aufruf von Makros oder Textbausteinen mit Leichtigkeit in den Text eingefügt werden. Die grundlegenden Textauszeichnungen wie fett, unterstrichen, kursiv können von Ventura ohnehin aus den Textdateien dieser Programme übernommen werden.

Auch für die Arbeit in Zeitschriftenverlagen bietet Ventura alle erforderlichen Funktionen. Viele Zeitschriftenverlage werden dennoch PageMaker vorziehen. Dies gilt vor allem für solche Zeitschriften, die über ein wenig standardisiertes Seitenlayout verfügen. Hier ist die Arbeitsweise aufgrund der weitgehend manuellen Textplazierung mit PageMaker flexibler, wenngleich bei der Arbeitsgeschwindigkeit große Kompromisse eingegangen werden müssen. Im Hinblick auf die im Einzelfall anstehende Aufgabe ist sehr genau zu prüfen, ob die Vorteile der flexibleren Arbeitsweise mit PageMaker oder die der stärkeren Standardisierung mit Ventura Publisher mehr ins Gewicht fallen. Allgemein läßt sich sagen, daß man sich im Falle eines von Ausgabe zu Ausgabe gleichen, streng strukturierten Layouts eher für Ventura Publisher entscheiden wird.

Häufig geschieht es, daß vor allem dort, wo Nicht-Setzer mit dem Desktop Publishing Programm arbeiten wollen, PageMaker wegen seiner auf den ersten Blick einfacheren Bedienung vorgezogen wird. Hier muß vor Fehlentscheidungen gewarnt werden. Denn die Arbeitserleichterung, die ein vielleicht komplexeres Programm durch Standarisierung und Automatisierung bietet, darf nicht übersehen werden.

Unabhängig davon wie Umbruch und Layout bewältigt werden, können Grafiken zur Illustration mit entsprechenden Programmen entweder vom Autor selbst oder von einem Mitarbeiter des Verlages nach den Vorlagen der Autoren erstellt werden und in die elektronisch umbrochene Seite aufgenommen werden.

Ein anderer Lösungsweg, der Verlagen empfohlen werden kann, ist das Erstellen von Satzfahnen mit dem HP LaserJet unter Einsatz eines Textverarbeitungsprogramms wie MS Word. Word bietet alle erforderlichen Funktionen zur Erstellung des Textkörpers von Büchern sowie der Textspalten für Zeitschriften. Auch Kolumentitel mit Text, Seitennummer und Linie können mit MS Word erzeugt werden. Die so erzeugten Kolumnentitel genügen jedoch typografischen Erfordernissen nur bedingt. Beispielsweise können Linien nur aus Linienelementen des Schriftfonts aufgebaut werden. So wird man Kolumnentitel häufig noch mit einem anderen System herstellen. Die Seiten müssen dann manuell montiert werden.

In der Regel werden Verlage im Bereich des Fachbuches zukünftig auf Leistungsstufe 3 arbeiten und für die Erstellung wissenschaftlicher und fremdsprachlicher Satzarbeiten zu speziellen Anwendungen fortschreiten. Auch in den Bereichen, in denen es auf eine höhere Schriftqualität ankommt, können die beschriebenen Konfigurationen zum Einsatz kommen. Der HP LaserJet wird hier die Rolle eines Korrekturdruckers übernehmen, der die Kosten für Korrekturabzüge auf Fotopapier oder Film erheblich reduzieren hilft.

Entwicklungsabteilungen in Industrieunternehmen

Hier sind interne und externe Spezifikationen der entwickelten Produkte, Testberichte, Projektpläne, Aufgabenlisten und Budgets zu schreiben und zu vervielfältigen. Alle diese Dokumente werden bei der typografischen Gestaltung mit dem HP LaserJet für die Benutzer übersichtlicher und angenehmer zu lesen sein. Bei der Erstellung von technischen Spezifikationen wird man stets auch die eine oder andere Grafik zur Illustration einstellen. In diesem Bereich sollte sehr darauf geachtet werden, daß alle Text- und Bilddokumente in der Redaktion von Anwendungshandbüchern und sonstigen Gebrauchsinformationen weiterverarbeitet werden müssen. Der Ingenieur wird seine Entwicklungspläne mit einer Textverarbeitungssoftware der Stufe 1 erstellen. Grafiken wird er entweder einkleben, was ihn zur Vervielfältigung im Xerographie- oder Offsetdruckverfahren zwingt, oder innerhalb von Textverarbeitungsprogrammen der Stufe 2 einsetzen. Da in Entwicklungsabteilungen keine zur Veröffentlichung bestimmten Dokumente produziert werden, wird man hier über Anwendungsstufe 2 nicht hinausgehen.

Geschäftsleitung

In größeren Industrie- und Handelsunternehmen werden zur Darstellung von mittel- und langfristigen Geschäftsentscheidungen auf Geschäftsleitungsebene neben Berichten vor allem Präsentationscharts erstellt. Dafür muß die Möglichkeit gegeben sein, die Präsentationscharts, die vielleicht zunächst als Overhead-Folien oder für Präsentationsmappen erstellt werden, später als Abbildungen in umfangreichere Textdokumente (Protokolle, Jahresberichte, etc.) übernehmen zu können. Bestandteile der Präsentationscharts sind Texte, Diagramme und einfache Grafiken. Textcharts stellen Analysen und Strategien der Geschäftsleitung dar und geben die Firmenziele an. Diagramme geben Absatz-

ziele, Umsatzziffern und Kostenentwicklungen grafisch und damit anschaulich
wieder. Organigramme veranschaulichen die Ziele struktureller Umgestaltun-
gen, Tabellen geben Kennziffern exakt wieder und erlauben einen Vergleich,
geografische Charts betonen die regionale Komponente der Geschäftsentwick-
lung, Logos und Pictogramme vereinfachen den Informationsweg. Alle Arten
von Charts weisen eine mehr oder weniger starke grafische Komponente auf.
Die Erstellung von Charts mit dem HP LaserJet trägt dieser grafischen Komponente Rechnung. Editiert werden können Charts entweder mit eigens dafür
geschaffenen Programmen wie etwa der Drawing und Charting Gallery von
Hewlett Packard oder der Master Grapics Serie von Ashton Tate (Chart-
Master, Sign-Master, Diagram-Master und Map-Master) oder mit einer Kombination aus Grafiksoftware und Umbruch-/Layoutsoftware wie PageMaker
oder Ventura Publisher. Gute Möglichkeiten zur Erstellung von Charts bieten
auch die Programme GEM WordChart, GEM Draw und GEM Graph. Die
eigens für die Erstellung von Charts geschaffenen Programme bieten meist
komfortable Möglichkeiten zur Erstellung von Logos und Symbolen, die an beliebiger Stelle in eine Grafik oder den Text eingefügt und in ihrer Größe verändert werden können. Solche Symbole können dann als besondere Merkmale
vor den einzelnen Textzeilen eines Chart dienen. Auch unterschiedliche Rahmen und Schrifttypen lassen sich mit diesen Programmen oft vom Benutzer
selbst editieren. Dies gilt beispielsweise für die HP Charting Gallery. In
typografischer Hinsicht sind die eigentlichen Desktop Publishing Programme in
der Regel aber zuverlässiger. Sie bieten echte Satzschriften und garantieren
damit insbesondere den Textcharts ein seriöseres Aussehen. Insbesondere,
weil man auf Geschäftsleitungsebene auch Berichte typografisch zu gestalten
hat, wird man sich für eine Arbeit in Anwendungsstufe 3 entscheiden, also auf
jeden Fall ein Layout- und Umbruchprogramm zum Einsatz bringen.

Grafiker und Satzstudios

Eine Reihe von Grafikern und Satzstudios, die im Bereich der PR-Arbeit tätig
sind, setzen heute bereits Desktop Publishing Systeme ein. Während Fotosatz
für die Erstellung von Charts aus Kostengründen nur selten zum Einsatz kommen kann, erlaubt die kostengünstige neue Technik den Satzstudios ihren Kunden mit der Erstellung expliziter Business-Charts einen ganz neuen Service zu
vertretbaren Preisen anzubieten. Der HP LaserJet bietet mit der Möglichkeit,
echte Fotosatzschriften einzusetzen, und mit seinen grafischen Fähigkeiten alle
für diesen Einsatzbereich wünschenswerten Eigenschaften. Mit der PostScript-
Zusatzkarte zum HP Vectra Personalcomputer wird der HP LaserJet auch alle
für PostScript typischen grafischen und typografischen Gestaltungsmöglichkeiten bieten. Vor allem die in Postscript möglichen beliebigen Schriftmodifikationen sind für Grafiker und Satzstudios von großem Interesse. PostScript erlaubt
es, Schriftzüge innerhalb eines dreidimensionalen Koordinatensystems beliebig zu drehen und zu verzerren. Dem Auffüllen der Schriftzeichen mit verschiedenen Rastern und Mustern sind keine Grenzen gesetzt. Darüberhinaus werden unter Postscript immer noch die besten Anbindungen an Fotosatzsysteme

geboten, so daß im Bedarfsfalle Korrekturabzüge mit dem HP LaserJet erstellt werden können und das Endergebnis als Fotosatzbelichtung produziert werden kann. In dem angesprochenen Bereich wird sich die Arbeit immer in Leistungsstufe 3 bewegen, in vielen Fällen wird man auch Wert darauf legen, fremdsprachlichen Satz und wissenschaftlich-technische Arbeiten ohne Einschränkung anbieten zu können, also innerhalb der speziellen Anwendungen arbeiten. Grafikprogramme und ausdrücklich für die Erstellung von Charts geschaffene Programme wird man einsetzen, um einzelne grafische Elemente, Logos, Pictogramme und eventuell besondere Linienrahmen zu erzeugen. Die abschließende Gestaltungsarbeit wird man immer in einem Programm durchführen, daß eine typografische Gestaltung des Textes gestattet. Hier wird man Wert auf die Möglichkeit legen, in Zeilen, die aus großen Lettern gesetzt sind, Buchstabenkombinationen zu unterschneiden und Zeilen sehr exakt zu positionieren. Daß professionelle Charts aus Fotosatzschriften gesetzt werden, versteht sich ohnehin von allein, wobei man für diesen Anwendungsbereich auf eine weitere Ausweitung des derzeitigen Schriftenangebotes drängen muß.

Marketingabteilungen

Das Marketing ist wohl der Bereich eines Unternehmens mit dem größten Publikationsbedarf. Das Marketing ist - nicht nur in seiner Sonderfunktion als Presseabteilung - die Außenrepräsentanz des Unternehmens schlechthin. Die vom Marketing zu erstellenden schriftlichen und grafischen Dokumente reichen von Anwenderhandbüchern, Bedienungsanleitungen und Datenblätter über Marktforschungsberichte, Marketing-Pläne, Service-Handbücher, Schaltpläne, technische Dokumentationen bis hin zu Overheadfolien für Vortragsreisen, Pressemitteilungen, Newsletter, Rundschreiben, Mailings, Hauszeitschriften, Produktmappen, Verkaufshandbüchern und Prospekten. Nicht alle diese Druckschriften lassen sich mit Desktop Publishing Systemen in ausreichender Qualität herstellen. Natürlich wird man bei einer teuren und exklusiven Prospektmappe auf Hochglanzpapier auch Wert auf eine Typografie der höchsten Qualitätsstufe legen, eine solche Broschüre also im Fotosatzverfahren erstellen. Vieles andere, was unter der Kontrolle des Marketings an Druckschriften produziert wird, kann aber mit dem Laserdrucker erstellt und/oder verfielfältigt werden. Für die Marketingabteilung ist daher eine Ausrüstung der Anwendungsstufe 3 unbedingt erforderlich. Hier wird man auch auf jeden Fall Wert auf einen Scanner legen, um einmal gezeichnete Firmenlogos und Produktabbildungen sowie Fotografien von Mitarbeitern und Produkten problemlos in Verkaufsunterlagen und Firmenzeitschriften übernehmen zu können. Da das Textaufkommen im Marketing umfangreich ist, sollte auf jeden Fall ein gutes Textverarbeitungsprogramm mit Gliederungs-, Verzeichnis- und Indizierungsfunktion zur Verfügung stehen. Dieses Programm muß in das Desktop Publishing System eingebunden werden. Die Übernahme von Texten aus der Textverarbeitung ist sicherzustellen. Bei mittleren und kleineren Unternehmen kann dem Marketing oder der Werbeabteilung die Publikationszentrale des Unternehmens zugeordnet werden. Über ein Lokales Netzwerk können dieser Zentrale auch Publikationsaufgaben aus anderen Bereichen zugewiesen werden. Die Publikationszentrale kann die typografische Fertigstellung von Dokumenten übernehmen, die in anderen Abteilungen von den Autoren bereits in der Textverarbeitung vorkodiert wurden. Eine solche Abteilung kann sich in manchen Unternehmen auch aus den traditionellen Pausereien entwickeln, die vielfach ohnehin schon Verfielfältigungsdienste im Xerografie-Verfahren für das gesamte Unternehmen ausführen.

Schulen- und Bildungseinrichtungen

In Schulen und Bildungseinrichtungen werden über die Lehrbücher hinaus stets eine Vielzahl von Unterrichtsmaterialien verwendet, die von den Lehrkräften mit den unterschiedlichsten Verfahren hergestellt werden. Häufig wird hierbei auf Materialien aus Zeitschriften oder Fachbüchern zurückgegriffen, die für einen Klassen- oder Kursverband kopiert werden müssen. Andere Unterlagen werden von Lehrkräften komplett selbst erstellt und im Xerographie-, Umdruck- oder Offsetdruckverfahren vervielfältigt. Hierbei ist an Aufgabensammlungen, Text- und Bilddokumente sowie an Folien für den Overhead-Projektor zu denken. Ein Desktop Publishing-System kann alle in einer Bildungseinrichtung anfallenden Aufgaben dieses Problemkreises einer einheitlichen Lösung zuführen. Lehrkräfte werden in zunehmendem Maße auch im heimischen Arbeitszimmer Zugang zu einem PC-System unter MS-DOS haben. Dort vorbereitete Text- und Bilddokumente können an einem zentral im Schulgebäude aufgestellten Desktop Publishing-System zu kompletten Lehrmaterialien zusammengestellt werden. Die Professionalität in der Herstellung von Unterrichtsmaterialien kommt dabei nicht nur eine Rationalisierungsfunktion zu, auch pädagogisch ist sie von Bedeutung. Ansprechend und professionell gestaltete Materialien steigern die Motivation, mit mehr Freude werden sie von Lernenden und Studierenden bearbeitet. Für größere Schulen und Bildungseinrichtungen muß hier soweit auch mathematischer, naturwissenschaftlicher, technischer oder fremdsprachlicher Unterricht stattfindet in jedem Fall ein System für spezielle Anwendungen gewählt werden. Dies gewährleistet die perfekte Darstellung mathematischer, chemischer und fremdsprachlicher Materialien. Ein Scanner wird die Möglichkeit bieten, das Fotokopieren durch die Einbindung von Text- und Bildzitaten aus Zeitschriften und Fachbüchern in die selbst gestalteten Materialien zu ersetzen. Auch Lehrkräfte werden so motiviert, mehr Sorgfalt auf die Vorbereitung ihrer Unterrichtsmaterialien zu verwenden. Ein schuleigenes Publikationssystem bietet die technischen Voraussetzungen für die Erstellung kompletter Unterrichtseinheiten und deren Verbreitung im Kreise aller Fachlehrer. Neben der Erstellung vollständiger Lehreinheiten kann das System auch für die Erstellung und Verbreitung von Tafelbildern, Lehrplänen, Unterrichtskonzepten, Rundschreiben und Kursplänen benutzt werden.

Unternehmensberatung

Unternehmensberater stellen die Ergebnisse ihrer analytischen Arbeit in Berichtsform dar, sie übernehmen für ihre Klienten die Abwicklung von Mailings und erstellen neben einer Vielzahl anderer informativer Materialien Marktanalysen, Strategiepapiere und Präsentationsfolien für Vorträge. Durch Einsatz des HP LaserJet können alle diese Dokumente ein professionelleres und ansprechenderes Aussehen bekommen. Dies ist von besonderer Bedeutung, da der Berater in der Regel unmittelbar von der Geschäftsleitung beauftragt wird und dem zufolge auch dieser die Ergebnisse seiner Recherchen präsentiert. Aus einem Textverarbeitungsprogramm der Stufe 1 lassen sich alle Satzschriften, die für den HP LaserJet zur Verfügung stehen ansteuern. Zur Abwicklung des Berichtswesens und zur Erstellung reiner Textcharts ist Anwendungsstufe 1 daher vollständig ausreichend. Wird das Einstellen von Geschäftsgrafik wie beispielsweise Diagramme zur Umsatz- und Gewinnentwicklung, zur Marktdurchdringung, etc. in einen Bericht oder in ein Präsentationschart erforderlich, so bietet bereits die Anwendung von Textverarbeitungs- und Grafiksoftware der Anwendungsstufe 2 diese Möglichkeiten. Ob man in einer Unternehmensberatung Anwendungsstufe 3 und damit ein Layout-/Umbruchprogramm sowie einen Scanner zum Einsatz bringen wird, sollte vom Anteil der möglicherweise zu illustrierenden Dokumente sowie davon abhängig gemacht werden, ob im Klientenauftrag auch Dokumente zu erstellen sind, die als Firmenpublikationen einem größeren Publikum zugänglich gemacht werden.

Verkaufsabteilungen

In Verkaufsabteilungen kann die gesamte schriftliche Kommunikation mit den Vertriebsbeauftragten über Infos abgewickelt werden, die mit dem HP LaserJet erstellt wurden. Dies erlaubt es viel stärker als es bisher der Fall war, auch die visuelle Komponente, also grafische Elemente, in die Verkäufer-Instruktion aufzunehmen. Ein erheblicher Teil, der für Kunden bestimmten Informationen, kann ebenfalls über den HP LaserJet ausgegeben werden. Eine Ausnahme bildet lediglich ein Grundstock farbiger Prospekte, den man nach wie vor in exklusiver Aufmachung mit farbigen Abbildungen auf Hochglanzpapier herausgeben wird. Denkbar ist die Installation von HP LaserJets in den Verkaufsbüros der Bezirksverkaufsleiter größerer Unternehmen. Diese erlaubt es, auf dem Wege der Datenkommunikation alle im Unternehmen zentral editierten Infos an die Bezirksverkaufsleiter weiterzugeben, die diese dann auf ihrem HP LaserJet ausdrucken und an die von Ihnen betreuten Verkäufer und an Kunden weiterleiten (Printing On Demand). Wir denken dabei an Formulare, Verträge, Verkaufsunterlagen, Produktinformationen, Preislisten, Bestellformulare, etc. Auch Verkaufshandbücher, Mailings, etc. können im Unternehmen zentral erstellt und an die Vertriebsbeauftragten bzw. an die Kunden weitergeleitet werden. Die Versorgung der Kunden mit aktuellen Informationen über Änderungen an technischen Produkten und mit Nachträgen zu Anwenderhandbüchern kann wiederum auf dem Wege über die Verkaufsleiter und das Printing On Demand abgewickelt werden. Der Einsatz von Desktop Publishing kann so neben der Kostensenkung im bisherigen Publikationsbereich eine neue Form der Kundenbetreuung und einen aktuelleren Stand aller Informationen bewirken, die in gedruckter Form das Unternehmen verlassen. Die Anwendungsstufe ist hier je nach Art der über die Vertriebskanäle verteilten Dokumente festzulegen. Werden nur Preis- und Bestellisten sowie schriftliche Produktinformationen ausgegeben, so reicht Anwendungsstufe 1. In Anwendungsstufe 2 lassen sich aber bereits Abbildungen einstellen. Dabei sollte auch nicht vergessen werden, daß Windows (Anwendungsstufe 2) für jeden Verkaufsleiter eines Unternehmens noch eine Reihe organisatorisch hilfreicher Funktionen enthält. Soweit in Verkaufsabteilungen häufig stark illustrierte Dokumente erstellt werden, ist Anwendungsstufe 3 zu wählen, für fremdsprachliche Infos und Formulare Software für spezielle Anwendungen.

Werbeabteilungen und Agenturen

Werbeabteilungen und Agenturen beschäftigen sich nicht nur mit der Erstellung von Hochglanzbroschüren in hoher Satzqualität. Konzeption, Planung und Strategieentwicklung müssen schriftlich niedergelegt und mit dem Auftraggeber abgestimmt werden. Alle in diesem Zusammenhang anfallenden Dokumente wird gerade eine Werbeabteilung oder Werbeagentur ihrem jeweiligen Kommunikationspartner in ansprechender, ja in optimaler Form übermitteln wollen, da ihr Geschäft die Präsentation ist. Die Werbeabteilung wirbt für sich am besten durch die Gestaltung ihrer Zwischenergebnisse in optimaler Desktop Publishing-Qualität, die ein Ausdruck mit dem HP LaserJet gewährleistet. Sie wird daher auch stets Systeme der Leistungsstufe 3 oder Systeme für spezielle Anwendungen einsetzen. Grafikprogramme werden ihr eine große Hilfe bei der konzeptionellen Arbeit, wie beispielsweise beim Skizzieren von Prospekten, Anzeigen, Plakaten, etc. sein. Vielleicht wird manche Arbeit als Reinzeichnung am PC entstehen, auf einem Laser-Ausdruck dem Kunden zur Korrektur vorgelegt, um als Druckvorlage anschließend mit einem Fotosatzbelichter ausgegeben zu werden.

Wissenschaft, Forschung und Lehre

Für den Bereich der Lehre und Forschung sind die für Schulen und Bildungseinrichtungen getroffenen Ausführungen insgesamt zu übernehmen. Im Forschungsbereich wird Desktop Publishing mit dem HP LaserJet zur Erstellung von Forschungsberichten, Pressemitteilungen, aber auch zur Erstellung von Newslettern und Institutszeitschriften zur Erstellung von Mailings an Freunde, Förderer und Mitarbeiter und für ähnliche Aufgaben zum Einsatz kommen. Gerade in diesem Bereich bieten sich nun im Vergleich zu den herkömmlichen Verfahren neue Möglichkeiten, denn Desktop Publishing Systeme sprechen aufgrund erweiterter Zeichensätze in viel stärkerem Maße die Sprache der Wissenschaft, als dies bei bisher benutzten Schreibsystemen der

Fall war. Und überall, wo es neue Forschungsergebnisse zu erklären gilt, wird man die grafischen Möglichkeiten zur Verdeutlichung einer komplexen Materie gern in Anspruch nehmen. Man wird hier vor allem wissenschaftliche Textverarbeitungs- und Publikationsprogramme wie Scientex Publisher, T^3 und ähnliche, also Programme für spezielle Anwendungen, einsetzen. Den Scanner wird man nutzen, um Handskizzen oder Fotos, die bei Feldeinsetzen oder im Labor entstanden sind, in Berichte oder Mitteilungsblätter aufzunehmen. Für die Hauszeitschrift oder den Newsletter ist auch hier wieder an die Personenfotos zu denken.

Das Hewlett Packard Desktop Publishing System

Das von Hewlett Packard angebotene Komplettsystem besteht aus dem Vectra-Publishisher-PC und einem HP LaserJet Serie II mit Speicherausbau und Fonts. Für die Bildverarbeitung wird zusätzlich der Scanner HP ScanJet einschließlich Software und Erweiterungskarte ScanJet I/F-Karte für die HP Vectra angeboten. Das Paket Vectra-Publisher-PC umfaßt einen HP-Vectra-Personalcomputer mit 80286 Prozessor, MS-DOS-Betriebssystem, Betriebssystem-Erweiterung PAM (Packard Application Manager), Microsoft Windows in einer besonderen HP-Version und das Layoutprogramm Aldus PageMaker.
Innerhalb des Komplettpaketes wird HP Vectra Modell 50 angeboten. Dieses mit einer 80286 CPU ausgerüstete Modell ist mit 8 MHZ getaktet und verfügt über 640 KB auf der Hauptplatine. Eingebaut sind eine EGA-Grafikkarte sowie eine serielle und eine parallele Schnittstelle. Das Gerät wird mit einem EGA-Colormonitor sowie mit deutscher Tastatur und HP Maus geliefert. Als Speichermedien sind eine 20 MB Festplatte sowie ein Laufwerk für 5 1/4 Zoll Disketten mit 1,2 MB sowie eines für 5 1/4 Zoll Disketten mit 360 KB eingebaut. Die Betriebssystemoberfläche PAM erlaubt, durch Anwählen eines Icons das Laden beliebiger Applikationsprogramme (unabhängig davon, in welchem Unterverzeichnis sie abgelegt sind) sowie weitere Betriebssystemfunktionen zu aktivieren. Darüberhinaus enthält es ein Modul PCL zur Ansteuerung der HP LaserJet-Drucker, mit dem beispielsweise Schriften in den Drucker geladen und Druckereinstellungen vorgenommen werden. Microsoft Windows wird zur Unterstützung des Layoutprogramms PageMaker benötigt und stattet den PC neben weiteren Bedienungserleichterungen für den Benutzer mit einer Multitaskingfähigkeit aus. Damit ist es möglich mehrere Anwendungsprogramme gleichzeitig im Arbeitsspeicher zu halten und zu benutzen. Windows übernimmt auch die Verwaltung der Drucker- und Bildschirmschriften für den HP LaserJet. Durch Eintragung der Softfonts für den HP LaserJet in die WININI-Datei von Windows werden die Schriften beim Drucken eines PageMaker-Dokumentes automatisch in den Drucker geladen und dort entweder temporär (während des Druckvorganges) oder permanent (bis zum Abschalten) gespeichert. Darüber hinaus werden die Schriften auf dem Bildschirm dargestellt, soweit die entsprechenden Bildschirmfonts zur Verfügung stehen. Windows enthält in der Grundversion die Applikationsprogramme Windows Write und Windows Paint (näheres hierzu siehe unter Leistungsmerkmale der Publikationssoftware) sowie ein Notizbuch, eine einfache Dateiverwaltung und ein Kommunikationsprogramm. Grafiken und Texte können aus diesen Programmen in das Programm PageMaker übernommen und dort in die durchgestalteten Seiten eingestellt werden. Empfehlenswert ist allerdings die Arbeit mit einem vielseitigen Textverarbeitungsprogramm wie WordStar, Word, MulitiMate oder WordPerfect und der Einsatz leistungsfähiger Zeichenprogramme wie Microsoft Windows Draw oder flächenorientierter

Malprogramme wie Microsoft Paintbrush. Hewlett Packard garantiert für seine
im Komplettpaket angebotene Version von Windows ein besseres Arbeiten mit
Standard-DOS-Applikationen, die nicht für Windows geschrieben wurden, Unterstützung eines Kontaktbildschirms und der HP-Maus, bessere Unterstützung anderer HP-Peripherie, eine bessere Speicherverwaltung sowie die
übliche HP-Produktunterstützung für ein in der Komplettkonfiguration erwor-
benes Windows. Die zum HP-ScanJet angebotene Software (Steuerungssoft-
ware für den Scanner und ein Bildeditor zur Bearbeitung und Ausgabe der ein-
gescannten Bilder) ist ein Windows-Applikationsprogramm.
Für Desktop Publishing Anwendungen wird von HP der LaserJet Series II mit
einem Speicherausbau von 2 MB empfohlen, dazu werden die Fotosatzschriften Times und Helvetica in Schriftgrößen von 6 bis 30 Punkt als Softfonts auf
Diskette angeboten.

Abb. 15   Desktop Publishing System von Hewlett Packard (HP LaserJet, HP Vectra PC, HP
          ScanJet, MS Windows, PageMaker, HP Scanning Galery). Foto: Hewlett Packard.

Die LaserJet-Druckerfamilie ist jene, die bereits am längsten im deutschen
Markt eingeführt ist, und Hewlett Packard war bereits vor der Erfindung des
Desktop Publishing als erstes Unternehmen mit Laserdruckern im PC-Markt
vertreten. Der Drucker wurde anfangs mit einer Auflösung von 150 x 150
Punkten pro Zoll angeboten. Inzwischen liegt die Auflösung beim Standardwert
300 x 300 Punkte pro Zoll. Es wurden im Laufe der Zeit verschieden Modelle
herausgebracht, die sich in der Leistung unterschieden: HP LaserJet, HP

LaserJet Plus, HP LaserJet 500 Plus und nun der HP LaserJet Series II, den HP heute als Einstieg in die Laserdrucker-Technologie empfiehlt. Als Abteilungsdrucker wird nach wie vor der HP LaserJet 500 Plus angeboten, da seine Papiereingabe- und Papierausgabeschächte über ein größeres Fassungsvermögen verfügen. Den LaserJet Series II bietet Hewlett Packard als Bürodrucker mit Publikationsqualität an. Man spricht bei diesem Drucker von der Technologie der zweiten Generation. Was bedeutet das? Die überarbeitete Technologie erlaubt es HP, den Drucker etwa 30 % billiger als einen LaserJet Plus anzubieten. Durch eine neuartige Tonerkassete senken sich den Tests von Hewlett Packard zu Folge die Kosten pro Druckseite auf 6,3 Pfennig. Ein Wert, der im Vergleich zu anderen Produkten extrem niedrig liegt. Bei einer Druckgeschwindigkeit von 8 Seiten pro Minute und einer Auflösung von 300 Punkten pro Zoll ist der Drucker kleiner und leiser und verfügt über eine höhere Lebenserwartung als das bewährte Modell HP LaserJet Plus. Er ist daher überall angebracht, wo für Publikationsaufgaben im Büro ein preisgünstiger Drucker mit hoher Ausgabequalität benötigt wird. Als neuestes Produkt der HP LaserJet-Druckerfamilie ist der HP LaserJet Series II eine von Hewlett Packard für die Anforderungen im Desktop Publishing Markt grundlegend überarbeitete Maschine. Der Drucker verfügt über ein Canon-Druckwerk Hewlett Packard hat seine Druckertreibersprache PCL (Printer Command Language) beibehalten, was dem HP LaserJet Series II Anschlußmöglichkeiten an nahezu alle Standardsoftwarepakete auch außerhalb des Desktop Publishing-Bereiches bot. Der HP LaserJet wird ebenso wie die Post-Script-Drucker von allen einschlägigen Desktop Publishing-Programmen unterstützt. Hewlett Packard wird darüberhinaus in Kürze eine PostScript-Zusatzkarte für die HP Vectra anbieten, die es ermöglicht auch den HP LaserJet über die PostScript-Treiber der Textverarbeitungs- und Publikationsprogramme anzusteuern. Nahezu alle Druckerfunktionen des HP LaserJet lassen sich bei dem Modell Series II über ein eingebautes Bedienungs-Panel steuern. Dies sind insbesondere: Generelle Schriftart für eine Seite, Kopienzahl, Seitenlänge, Schnittstelle und Baudrate für die Datenübertragung. Damit wird der Bediener unabhängiger von der Ansteuerung über ein entsprechendes Menü des jeweils verwendeten Anwendungsprogramms. Der Drucker verfügt über zwei Papiereinzüge für den Einzug vom Stapel oder als Einzelblatt. Die Papierkassette faßt 200 Blatt. Zwei Papierausgänge erlauben die Papierablage entweder aufwärts oder abwärts sortiert. Die Papierausgabefächer fassen 100 Blatt . Vor allem bei Verwendung des oberen Faches für auffwärts sortierte Ausgabe ist der Drucker ausgesprochen raumsparend, da die seitliche Papierablage nicht ausgeklappt werden muß. Der HP LaserJet Series II wird in der Grundversion mit 512 KB geliefert. Es sind Erweiterungskarten für Speichererweiterungen um 1, 2 oder 4 MB erhältlich. Der Drucker verfügt über sechs interne Schriftarten: Courier fett, Courier medium und LinePrinter im Hoch- und im Querformat. Als Zeichensätze können Roman-8, IBM-8, ECMA-94 und ISO 7-Bit angewählt werden. Zwei Einsteckslots stehen für die gleichzeitige Verwendung zweier Schriftkassetten (Cartridges) zur Verfügung, alternativ dazu können Softfonts in den erweiterbaren Arbeitsspeicher geladen werden.

Bereits bei einem Speicherausbau um 1 MB können mit dem HP LaserJet Series II Vollseitengrafiken bei einer Auflösung von 300 Punkten pro Zoll erstellt werden. Für die Arbeit mit Softfonts in verschiedenen Schnitten und Schriftgrößen ist ein Speicherausbau auf 2 MB zu empfehlen. Diese Speicherkapazität wird auch benötigt, falls Formulare im Speicher gehalten werden sollen. Für ganz spezielle speicherintensive Anwendungen empfiehlt Hewlett Packard einen Speicherausbau bis auf 4 MB.

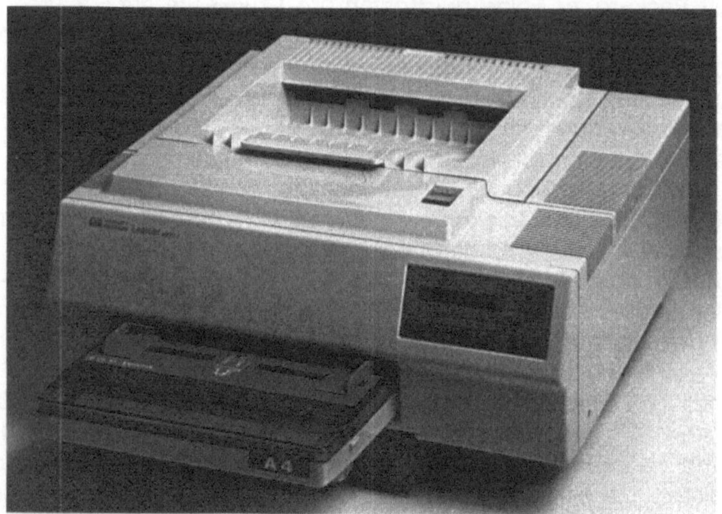

Abb. 16   Laserdrucker HP LaserJet Series II. Foto: Hewlett Packard.

Die Druckertreibersprache PCL übernimmt die Steuerung aller Druckfunktionen. Als Steuercodes werden von der jeweiligen Anwendungssoftware Escape-Sequenzen an den eingebauten PCL-Druckertreiber übermittelt. Falls das verwendete Anwendungsprogramm eine Ansteuerung des HP LaserJet nicht vorsieht, lassen sich bei Kenntnis des in der jeweiligen Software gültigen Escape-Zeichens die Escape-Sequenzen auch vom Benutzer direkt in den Text eingeben. Die Bedienung gleicht dann der eines Satzterminals mit Satzauszeichnungskommandos. Einige Funktionen werden über Steuerzeichen des ASCII-Codes ausgeführt: Es sind dies: Rückschritt, Zeilenvorschub, Seitenvorschub, Wagenrücklauf, Shift Out (2. Zeichensatz), Shift In (1. Zeichensatz) und das Escape-Zeichen selbst. Werden keine anderen Einstellungen vorgenommen, so ist für den Seitenaufbau eine Standard-Einstellung aktiv. Diese Einstellung umfaßt eine Seitenlänge von 66 Zeilen bei einem Zeilenabstand von 6 Zeilen pro Zoll und folgenden Randeinstellungen: oben 3 Zeilen, unten 1 Zeile. Die Schreibposition befindet sich in Spalte 0. Der ständig nicht bedruckbare Bereich am Papierrand beträgt 8 mm. Die Auflistung der über Escape-Sequenzen zu steuernden Funktionen gibt zugleich einen Überblick über die Leistungsfähigkeit des Druckers. Über Escape-Sequenzen werden gesteuert: Papierformat (verschiedene international gebräuchliche Formate), Seitenlänge, oberer Rand, Textlänge, linker Rand, rechter Rand, Ränder löschen, Einstellung des vertikalen Zeilenschaltschrittes, halber Zeilenvorschub, horizontale und vertikale Cursorbewegung in Anzahl der Schreibstellen, Dots oder Dezipoints, Verschiebung der Schreibposition nach oben oder unten, Schriftsteuerungen wie Orientierung (hoch oder quer), Zeichensatz, Zeichenabstand (fest oder proportional), Zeichen pro Zoll (Pitch bei Schriften mit festem Zeichenabstand), Schriftgröße in Pica Point, Zeichenstil (normal oder kursiv), Strichstärke (normal oder fett), Schriftart, Definition primärer und sekundärer Fonts mit unterschiedlichen Zeichenabständen (Pitches) für Schriftarten mit festem Zeichenabstand zur Umschaltung mit ASCII-Shift-In/Shift-Out, Fontanwahl über ID-Nummer, Fonts laden und verwalten, selbsterzeugte Zeichen laden, Grafikfunktionen wie Linienstärke/Flächenausmaß in horizontaler und vertikaler Richtung definieren, Linie oder Muster drucken, Angabe des Grauwertes, Angabe der Musterart, Auflösung einer Rastergrafik, Start der Grafikübertragung, Übertragung der Position der geschwärzten Pixel, Ende der Grafikübertragung, Makrofunktionen zur Zusammenfassung mehrerer Funktionen unter einem Befehl und Ablage komplett programmierter Formulare im Drucker zur Überlagerung mit weiteren Daten, diverse zusätzliche Funktionen wie Reset, Self-Test, etc.

Die Kombination aus Windows, PageMaker und dem HP LaserJet Series II als Ausgabemedium bietet folgende typografischen und grafischen Möglichkeiten: Layouts können innerhalb von Standard-DIN-Papierformaten erstellt werden. Die Layouts werden in besonderen Layoutseiten angelegt. In jeder individuellen Seite können die Festlegungen der Layoutseiten überschrieben oder abgeändert werden. Mit PageMaker können mehrspaltige Layouts erstellt werden, in denen Text fortlaufend oder verteilt auf einzelne kleinere Artikel plaziert werden kann. Eine Seite kann in bis zu 20 Spalten aufgeteilt werden. Abbildungen können die Spaltenaufteilung überlagern und Text kann um Abbildungen herum fließen. Der Text kann über mehrere Seiten umlaufen. Insgesamt können 128 Seiten in einer Datei erzeugt werden. Die Paginierung kann jedoch bis 9999 fortgeführt werden. Die Steuerung des Systems erfolgt sowohl über die Maus als auch über die Tastatur. Die Dokumente können in unterschiedlichem Abbildungsmaßstab und Ausschnitt auf dem Bildschirm dargestellt werden. Alle HP Schriftkassetten und HP Softfonts sowie mit HP Softfonts kompatible Softfonts werden unterstützt. Schriften können in normal, halbfett, fett, kursiv und als Kapitälchenfont angewählt werden. Der Zeilenabstand kann in Schritten von 0,5 Punkt variiert werden. Wortzwischenräume können vom Anwender festgelegt werden. Die Laufweite der Schriften (Buchstabenabstand) kann beeinflußt werden, bestimmte Zeichenkombinationen können unterschnitten werden. Die Silbentrennung kann manuell oder automatisch durchgeführt werden. Es stehen feste Zeichenzwischenräume in M-Breite, N-Breite und in einer schmaleren Breite zur Verfügung. Grafiken können beschnitten und proportional vergrößert und verkleinert werden. Nichtproportionale Veränderungen sind ebenfalls möglich. Rechtecke, Kreise, Ellipsen und Linien in einer Stärke von

0,25 bis 12 Punkt können gezeichnet werden. Flächen können mit Rastern von 10, 20, 30, 40, 60 und 80 Prozent Flächendeckung sowie mit 10 verschiedenen Mustern gefüllt werden. Texte und Abbildungen können aus folgenden Programmen in PageMaker übernommen werden: Exekutive MemoMaker, Advance Write, Microsoft Word, Wordstar 3.3, Multimate, WordPerfect, Windows Write, Euroscript; Texte im IBM DCA-Format wie beispielsweise aus Samna Word, Display Write, Wordstar 2000, Volkswriter. Ebenso können Sie ASCII-Textdateien, gezeichnete Grafiken aus Micrografix In-a-Vision und Windows Draw, Lotus 1-2-3 und Symphony, AutoCad im ADI-Format, gemalte Grafiken (Bit-Mapped) aus PC-Paint, PC-Paintbrush bzw. Microsoft Paintbrush, Windows Paint sowie im TIFF-Format, außerdem Windows GDI Meta Files und Grafiken aus der HP Graphics Gallery übernehmen. Außer der Übernahme von Texten und Abbildungen aus anderen Programmen ist in PageMaker auch das Erfassen von Text und das Erstellen einfacher Grafiken möglich.

Das HP Desktop Publishing System ist ein modulares System für den mittleren und gehobenen Anwendungsbereich, also für den großen Bereich oberhalb der traditionellen Nur-Text-Verarbeitung. Das System ist sowohl nach unten (reine Textverarbeitungsanwendungen) als auch nach oben (typografische Spezialanwendungen) offen. Sämtliche Standardsoftwarepakete verfügen über HP LaserJet-Treiber und lassen sich in das System integrieren. Die Hardware erlaubt es, Gestaltungsmöglichkeiten auszunutzen, die bereits in traditioneller Textverarbeitungssoftware zur Verfügung stehen, mit Typenrad- oder Matrixdruckern aber nicht oder nicht sinnvoll genutzt werden können. So werden mit dem HP LaserJet vorhandene Investitionen gesichert. Die mitgelieferte Software erlaubt die Lösung nahezu aller Gestaltungsaufgaben im mittleren und gehobenen Bereich, also im Bereich der Anwendungsstufen 1 bis 3 (Berichte, Newsletter, Formulare, Kataloge, Handbücher mit Textumbruch über mehrere Seiten sowie mit Abbildungsplazierung und freier Layoutgestaltung). Viele Spezialanwendungen sind möglich. Hierfür können Erweiterungen der Hard-ware (Ausbau des Drucker-Arbeitsspeichers, Ganzseitenbildschirm) und der Software (Programme mit automatischem Seitenumbruch, rahmenorientierte Software für Zeitungslayouts, Programme für wissenschaftlichen und fremdsprachlichen Satz, Programme für Formularsatz und -druck) vorgenommen werden. Es bleiben dann nur noch wenige Aufgaben, die die Ausgabe über einen Satzbelichter erfordern. Der Grund hierfür liegt hauptsächlich in der geforderten Auflösung bei hochwertiger Typografie und Bildwiedergabe. Auch bei Fotosatzbelichtung im eigenen Haus oder außer Haus in einer Fotosetzerei kann der HP Vectra-Personalcomputer weiterhin als Satzterminal — eventuell mit einer speziellen Akzidenzsatz-, Werksatz- oder Zeitungsproduktionssoftware — eingesetzt werden. Unter MS-DOS stehen beispielsweise Zeitungssatzsystem mit der Verwaltung unterschiedlicher Ausgaben und Erscheinungsdaten sowie Systeme für Buchumbruch zur Verfügung. Der HP LaserJet ist selbst dort, wo die Auflösung eines Fotosatzbelichters tatsächlich gefordert ist, keine Fehlinvestition. Als kostengünstiger Drucker wird er bei Einsatz eines Satzbelichters für die Erstellung von typografisch gestalteten Korrekturabzügen genutzt und hilft so teures Fotopapier oder Filmmaterial einzusparen.

Teil 2 - Standard-Anwendungen

Im folgenden wird eine Vielzahl von Arbeitsproben vorgestellt, die mit einem HP LaserJet Series II bei einem Speicherausbau von 2 MB und unter Verwendung des Roman-8 Zeichensatzes der HP 33412AD TmsRmn- & Helv Base Set Soft Fonts hergestellt wurden. Die Anwendungen, die wir hier vorstellen sind Standardanwendungen, die wir mit Standard-Textverarbeitungs-Software oder integrierten Paketen (WordStar, Word, MultiMate oder FrameWork), mit der von Hewlett Packard im Rahmen seines Komplettpaketes mitgelieferten Publikations-Software (Windows und PageMaker) oder mit vergleichbaren Alternativprogrammen (wie Ventura Publisher) sowie unter Einsatz kleinerer Ergänzungspakete zur Leistungssteigerung (wie Outline von S.A.X. Software) erstellt haben. Wir haben die hier vorgestellten Anwendungsbeispiele den zuvor entwickelten Leistungsstufen zugeordnet. Sie umfassen die Leistungsstufen 1 bis 3.

Anwendungsstufe 1 umfaßt reine Textdokumente,

Anwendungsstufe 2 umfaßt Textdokumente mit einer geringen Anzahl grafischer Illustrationen,

Anwendungsstufe 3 umfaßt Dokumente mit freiem Layout, in denen Text und Bild (auch gescannte Abbildungen) gleichberechtigt nebeneinander stehen können.

Einige Dokumente finden sich dabei auf mehreren Anwendungsstufen wieder. Dies erklärt sich daraus, daß sie auf der höheren Anwendungsstufe besser oder auch einfacher erstellt werden können. Beispielsweise kann man auf Stufe 2 bereits Text und Grafik mischen. Wer jedoch überwiegend mit Text und Grafik arbeitet, sollte in Rahmen der Stufe 3 arbeiten. Zu Beginn der Beschreibung einer Anwendungsstufe stellen wir jeweils die technische Konstellation vor, die zur Lösung der Aufgaben auf dieser Stufe erforderlich ist. Die Beispiele werden der Reihe nach durchgeführt. Bei jedem Beispiel wird auf besondere Anforderungen an Hard- und Software, auf die gestalterischen Be-

sonderheiten sowie auf vorausgesetzte Arbeiten wie beispielsweise das Laden
besonderer Schriften hingewiesen. Die Erstellung der Beispiele wird Schritt für
Schritt erläutert. [*])

Schriften, Druckertreiber und Schriftmuster —

In den folgenden Beispielen werden wir mit vielen verschiedenen Schriften arbeiten, mit mehr Schriften jedenfalls, als bei der Arbeit mit dem Textsystem
und einem Typenrad- oder Matrixdrucker üblicherweise eingesetzt werden
können. Wir werden daher zunächst dafür Sorge tragen müssen, daß alle
Schriften, die wir anwenden wollen, in Microsoft Word, WindowsWrite, Page-
Maker oder einem anderen Programm angewählt werden können.

... in Microsoft Word

Zur Arbeit mit den Hewlett Packard Softfonts stehen in Microsoft Word eine
Reihe von Druckertreibern zur Verfügung. In der Regel wird man mit dem
Druckertreiber HPLJ_ADL für Landscapefonts zur Erstellung von Dokumenten
im Querformat und mit dem Druckertreiber HPLJ_ADP für Portraitfonts zur
Erstellung von Dokumente im Hochformat arbeiten. Die AD-Druckertreiber erlauben die Ansteuerung der Hewlett Packard Softfonts Times und Helvetica in
den Schriftgrößen 6, 8, 10, 12, 14, 18, 24 und 30 Pica Point. Bei Verwendung
dieser Druckertreiber lädt Word beim Starten des Druckvorganges für ein
Dokument die benötigten Schriften in den Drucker. Auf diese Weise ist dafür
gesorgt, daß die jeweils benötigten Schriften ohne zusätzlichen Bedienungsauf-
wand im Drucker zur Verfügung stehen. Die Schriften müssen sich beim Start
des Ladevorgangs im Word-Verzeichnis auf der Festplatte befinden. Sie
verbleiben nach Abschluß des Druckvorganges im Schriftenspeicher des
Druckers, brauchen also bei nochmaliger Verwendung für einen Ausdruck
eines Dokumentes nicht erneut geladen zu werden. Die entsprechende Word-
Anfrage kann mit N für Nein beantwortet werden.

... in Windows und PageMaker

Zur Ansteuerung des LaserJet aus Windows-Programmen ist der Treiber mit
der Bezeichnung HPLASER.DRV zu verwenden, auf den alle Standard Appli-
kationen unter Windows zugreifen. Für den Einsatz mit PageMaker empfiehlt
Hewlett Packard den verbesserten HP LaserJet-Treiber zu verwenden, der sich
auf der Diskette mit der Aufschrift Drivers Disk befindet und die Bezeichnung
HPPCL.DRV trägt. Dieser Treiber bietet folgende Vorteile:

---

[*]) Aufgaben, für die wir über die von HP mitgelieferte Software hinaus den Einsatz zusätzlicher Software unbedingt empfehlen, sowie Anwendungen, die den Einsatz der Postscript-Platine für den Vectra Personalcomputer erfordern, behandeln wir in Teil 3 dieses Buches.

Unterstützung aller relevanten HP Schrift-Cartridges
(ROM-Schriftenspeicher zum Einstecken in die Ports des HP LaserJet);

Unterstützung aller HP LaserJet-Modelle,

Unterstützung der deutschen Papierformate;

schnellerer Durchsatz beim Ausdruck von Text und Grafik.

Werden Softfonts unter Windows verwendet, so sind sie in drei Schritten zu installieren:

1.   **Kopieren der Softfonts in ein Unterverzeichnis auf der Festplatte.**

2.   **Erstellen einer Beschreibungsdatei für korrekte Bildschirmanzeige und Ausdruck.**

3.   **Einbinden dieser Datei in die Windows-Datei WIN.INI.**

Im folgenden beschreiben wir exemplarisch die Installation der 3 Softfonts Helv 6 Punkt normal, Helv 8 Punkt normal und Helv 24 Punkt fett.

Vorgehensweise:

1.   **Erstellen Sie auf Ihrer Festplatte ein Unterverzeichnis mit dem Namen Softfont (md softfont). Gehen Sie dabei vom PAM aus ins DOS (nicht von Windows aus). Anschließend machen Sie das Verzeichnis Softfont zum aktuellen Verzeichnis (cd softfont).**

2.   **Legen Sie die Softfont-Disketten in Laufwerk A ein, und kopieren Sie die Softfonts in das soeben erstellte Verzeichnis Softfont. Hierzu geben Sie ein:**

     copy A:HV060RPN.R8P
     copy A:HV080RPN.R8P
     copy A:HV240BPN.R8P

3.   **Wechseln Sie die Softfontdiskette gegen die Treiberdiskette des PageMaker aus. Die Windowsapplikationen und speziell PageMaker benötigen einige Informationen für die Darstellung der Schriften auf dem Bildschirm und für das Laden der Schriften in den Drucker. Zur Bereitstellung dieser Informationen muß eine Datei angelegt werden. Zu diesem Zweck befindet sich auf der PageMaker-Treiberdiskette ein spezielles Programm mit dem Namen PCLPFM.EXE.**

4. Kopieren Sie das Programm PCLPFM.EXE von der Treiberdiskette in das Unterverzeichnis Softfont.

5. Softfont ist Ihr aktuelles Verzeichnis. Geben Sie den Befehl PCLPFM_*.R8P ein.

6. Das Programm fragt Sie nach einer Weile, ob eine APPNDWIN.INI-Datei erzeugt werden soll. Beantworten Sie diese Frage mit Y = Yes/Ja. Anschließend werden Sie diese Datei an geeigneter Stelle in die WIN.INI-Datei einfügen.

7. Rufen Sie das Windows-Programm NOTEPAD.EXE auf.

8. Laden Sie die Datei APPNDWIN.INI, die sich im Unterverzeichnis Softfont befindet, in den Editor des Programms Notizblock (notepad).

9. Öffnen Sie nun ein zweites Fenster (Diskettensymbol an den rechten Bildschirmrand schieben).

10. Starten Sie das Programm WIN.INI. Damit wird zugleich ein zweiter Notizblock aktiviert.

11. Im rechten Fenster suchen Sie nun die Zeile HPPCL,LPT1. Positionieren Sie den Cursor an den Anfang der nächsten Leerzeile.

12. Aktivieren Sie im linken Fenster die Funktion Alles auswählen (Select All) des Pull-Down-Menüs Bearbeiten (Edit). Die drei Textzeilen werden schwarz unterlegt.

13. Aktivieren Sie im Pull-Down-Menü Bearbeiten nun die Funktion Ausschneiden (Cut). Die drei Zeilen werden in einen Zwischenspeicher gelegt.

14. Gehen Sie in das rechte Fenster zurück, und wählen Sie hier Einfügen an. Dadurch werden die drei Zeilen an der Cursorposition eingefügt.

15. Die veränderte WIN.INI-Datei speichern Sie ab.

16. Schließen Sie beide Notizblöcke, und starten Sie Windows erneut, damit die Veränderungen aktiv werden.

Beim Ausdruck von Dokumenten aus PageMaker oder anderen Windows-Applikationen besorgt Windows nun automatisch das Laden der Schriften in den Drucker. Die Schriften werden grundsätzlich temporär geladen. Sie können den Druckvorgang abkürzen, indem Sie die Schriften mit dem Programm download.bat dauerhaft in den Drucker laden. In diesem Fall müssen Sie in der WIN.INI-Datei die rechte Hälfte der eingefügten Zeilen löschen.

... in Ventura Publisher

Ventura Publisher wird mit einer Vielzahl von HP-kompatiblen Softfonts geliefert. Die Schriften werden beim Druck automatisch in den Drucker geladen. Weitere Softfonts können in Ventura Publisher installiert werden.

... in anderen Programmen

Generell können Schriften unabhängig von einer besonderen Anwendungs-software mit Hilfe des von Hewlett Packard gelieferten Programms download.bat in den HP LaserJet geladen werden. Dieses Programm kann auch über die Option PCL auf dem Hewlett Packard Application Monitor (PAM) gestartet werden. Beim Laden der Schriften mit download.bat ist es möglich, die Schriften permanent im RAM-Speicher des Druckers abzuspeichern. D. h. die Schriften können bis zum Ausschalten des Druckers im RAM-Speicher verbleiben. Hierbei müssen aber alle zu ladenden Schriften bei jedem Ladevorgang, d. h. spätestens nach jedem Ausschalten einzeln spezifiziert werden. Eine weitere Alternative besteht darin, für das Laden einer Reihe von Schriften jeweils eine Batch-Datei (MS-DOS-Datei mit der Dateiendung bat) zu erstellen. Die dazu erforderlichen Arbeitsschritte sind in der mit den Softfonts von Hewlett Packard gelieferten Beschreibung erläutert. Verfügt der Druckertreiber eines Anwendungsprogramms nicht über die Möglichkeit zur Anwahl von Softfonts, so sind die Fonts über Escape-Sequenzen anzusteuern.

Schriftenkasseten (Cartridges)

Den größten Bedienungskomfort beim Schrifteneinsatz gewährleisten die Schriftenkassetten. Die Kassetten enthalten ROMs, in denen die Schriften dauerhaft gespeichert sind. Werden die Kassetten in den entsprechenden Port des Druckers eingesteckt, stehen diese Schriften im Drucker zur Verfügung. Der Ladevorgang, der vor allem bei Anwendung vieler verschiedener Schriften sehr zeitaufwendig sein kann, entfällt. Hewlett Packard bietet eine weitaus größere Zahl von Schriften auf ROMs an, als sie auf Softfontdisketten zur Verfügung stehen. Allerdings ist man hierbei an die Zusammenstellung der Schriften auf einer Kassette gebunden. Beim HP LaserJet Series II können maximal zwei Schriftkassetten gleichzeitig eingesetzt werden. Im Unterschied dazu setzen bei Softfonts lediglich die Speicherkapazitäten des Drucker-RAMs und der PC-Festplatte dem Schrifteneinsatz Grenzen.

Outline

Das Programm Outline von S.A.X.-Software erlaubt es, Hewlett Packard
Softfonts zu modifizieren. Durch Schriftmodifikation können Outline-, Schatten-
und 3D-Schriften erzeugt werden. Das Programm erstellt auch automatisch
einen Druckertreiber für Microsoft Word, WordPerfect oder Windows Appli-
kationen, der alle geladenen Schriften enthält. Outline erleichtert also die notwendigen Arbeitsvorbereitungen und schafft neue Möglichkeiten für den Einsatz des HP LaserJets.
Outline gibt Ihnen die Möglichkeit jeweils 7 Schriften in den Modifikationen normal, kursiv und fett, also insgesamt 21 Schriftschnitte in den Drucker zu laden.
Jede dieser Schriften kann mit einer Modifikation versehen werden. Die Erzeugung des zugehörigen Druckertreibers ist eine Arbeit, die Ihnen Outline
ebenfalls abnimmt. Wird Outline für PageMaker installiert, modifiziert dieser Vorgang unmittelbar die WIN.INI-Datei. Achtung: Eventuell vorher eine Sicherungs-
kopie anfertigen! Sie können sich mit Outline mehrere Schriftladedateien auf
Vorrat anlegen, die bei Bedarf einfach gestartet werden und dann die Schriften
in den Drucker laden. Wird dieser Vorgang mit einem für Word installierten Outline durchgeführt, kopiert Outline den entsprechenden Druckertreiber in das
Word-Verzeichnis. Die Erstellung und Zusammensetzung von Schriftladedateien sollten Sie gut organisieren, so daß Sie mit einem Minimum an Schriftladedateien ein Maximum an Arbeiten erledigen können.

Erstellen einer Schriftladedatei mit Outline. Wir werden nun eine Schriftladedatei erstellen, die jene Schriften enthält, die für unsere Beispiele immer
wieder benötigt werden. Zur Erstellung von Arbeiten, die mit dieser Schriftladedatei nicht angefertigt werden können, werden Sie im gegebenen Fall
modifizierte Schriftladedateien erstellen.
Die Schriftladedatei wird über eine Tabelle definiert, die aus sieben Zeilen besteht. In jeder Zeile kann eine Schrift in einer Größe sowie in den Modifikationen normal, kursiv und fett angewählt werden. Jeder dieser drei Schnitte
kann mit einer Outline-Schrift-Modifikation versehen werden, also entweder als
Schatten-, 3D- oder als Outlineschrift gestaltet werden. Je Zeile der Tabelle
stehen maximal drei Stile einer Schriftart und -größe zur Verfügung.

Ihre Schriftladedatei sollte enthalten:
Times 10 Punkt normal, fett und kursiv als Grundschrift oder Standardschrift
für Berichte und andere Dokumente außer Briefe,
Times 12 Punkt normal, fett und kursiv als Großschrift für Überschriften,
Times 8 Punkt normal, fett und kursiv als Kleinschrift für Fußnoten sowie für
Führungstexte innerhalb des Briefbogens,Courier 12 Punkt normal und fett als
Standardschrift oder Grundschrift (in Outline Zusatzschrift 1) für Briefe,
Memoranden, etc.
Times 30 Punkt fett mit Schriftmodifikation Outline als Zusatzschrift 2 für den
Firmenschriftzug im Briefkopf und in anderen Dokumenten,
Times 14 Punkt normal mit Schriftmodifikation Outline für erste Überschriften in

Berichten und anderen Dokumenten (in der gleichen Zeile der Schriftladedatei sollte der fette und kursive Schnitt in 14 Punkt angewählt werden, für den Fall, daß diese Schriften einmal benötigt werden),
Times 12 Punkt normal mit Schriftmodifikation Outline für zweite Überschriften in Berichten und anderen Dokumenten (der fette und der kursive Schnitt in 12 Punkt braucht hier nicht angwählt werden, da er ohne Outline-Schrift-Modifikation bereits als Großschrift in Zeile 2 zur Verfügung steht.

Die Tabelle der Outline-Schriftlade-Datei wird dann folgendermaßen aussehen:

Standardschrift	TMS	10 Punkt	Diskette	normal	fett	kursiv
Großschrift	TMS	12 Punkt	Diskette	normal	fett	kursiv
Kleinschrift	TMS	08 Punkt	Diskette	normal	fett	kursiv
Zusatzschrift 1	Courier	12 Punkt	Cartridge*)	normal	fett	
Zusatzschrift 2	TMS	30 Punkt	Diskette		*fett***)	
Zusatzschrift 3	TMS	14 Punkt	Diskette	*normal*	fett	kursiv
Zusatzschrift 4	TMS	12 Punkt	Diskette	*normal*		

Vorgehensweise:

1. **Installieren Sie Outline für das jeweilige Anwendungsprogramm. (Wir installieren es zunächst für Microsoft Word, da die ersten Beispiele mit Word erstellt werden. Falls Outline zwischenzeitlich mit einem anderen Programm benutzt wurde, ist es zunächst mit dem mitgelieferten Install-Programm erneut für Word zu installieren.)**

   Laden Sie das Programm Outline durch Angabe des Namens Outline sowie des Dateinamens Standard hinter dem System-Prompt. Geben Sie ein:

   C > outline standard.

   Outline wird nun geladen und legt sogleich eine neue Datei mit dem Namen Standard an. Auf dem Bildschirm erscheint eine Tabelle, in die Schriftnamen, Schriftgrößen, etc. eingegeben werden können.

2. **Wählen Sie nun die oben angegebenen Werte in der auf dem Bildschirm abgebildeten Tabelle an.**

   Für das Ausfüllen der Tabelle erhalten Sie durch die Bedienerführung in Outline alle erforderlichen Hinweise.

---

*)   Diese Schrift ist in dem eingebauten Drucker-ROM gespeichert.
**)   Schriften , die mit * gekennzeichnet sind, werden modifiziert.

3.   Führen Sie den Cursor auf das Feld "fett" der Zeile Zusatzschrift 2, und drücken Sie die Taste INS.

Outline eröffnet ein neues Menü, mit dem Sie nun für die Schrift Times 30 Punkt fett Schriftmodifikationen vornehmen können.

4.   Stellen Sie als Schriftmodifikation Outline ein.

5.   Wiederholen Sie die Schritte 3 und 4 für die Zeilen Zusatzschrift 3 und 4 der Tabelle. Hier stellen Sie jeweils die Schriftmodifikation Outline für die Schriften Times 14 Punkt normal und Times 12 Punkt normal ein.

Für die Schriften Times 14 Punkt kursiv und fett nehmen Sie keine Modifikationen vor. Wir haben diese Schriften lediglich in die Tabelle aufgenommen, da hier die Möglichkeit des Eintrags zweier zusätzlicher Schriften gegeben ist, die eventuell einmal gebraucht werden.

6.   Verlassen Sie das Modifikationsmenü mit der Taste INS.

7.   Im unteren Teil der Tabelle wählen Sie nun bitte Portrait als Attribut der zu ladenden Schriften an.

Mit den geladenen Schriften und dem neu erstellten Druckertreiber können Sie Dokumente im Hochformat drucken.

Outline   Version   1.00   Format   C:\<DIR>\<NAME>

Nr.	Schrift	Schriftart	Schriftgröße		LW	Disk/Cartr.	N	B	K
1	Standard	TMS	10.0	Punkte	48	Cartridge	N	B	K
2	Groß	Helv	14.5	Punkte	70	Cartridge	-	B	-
3	Klein	Line	8.5	Punkte	41	Cartridge	N	-	-
4	Zusatz 1	TMS	8.0	Punkte	38	Cartridge	N	-	-
5	Zusatz 2	Courier	12.0	Punkte	66	Cartridge	N	-	-
6	Zusatz 3	-	0.0	Punkte	0	Cartridge	-	-	-
7	Zusatz 4	-	0.0	Punkte	0	Cartridge	-	-	-

Orientierung: Portrait   (Hochformat)

Bitte   geben   Sie   den   Anfangsbuchstaben   der   gewünschten   Schrift   ein

Abbruch   mit   ESC,   Sichern   mit   END.   Noch   verfügbarer   Speicherplatz :

Abb. 17a Tabelle einer Outline-Schriftlade-Datei. (Quelle: Outline Benutzerhandbuch).

8. Beenden Sie das Erstellen der Schriften-Lade-Datei mit der Taste End.

Outline lädt nun die Schriften und modifiziert Sie, soweit dies von Ihnen angewählt wurde.

9. Durch Beantworten der entsprechenden Frage lassen Sie sich bitte einen Probeausdruck anfertigen.

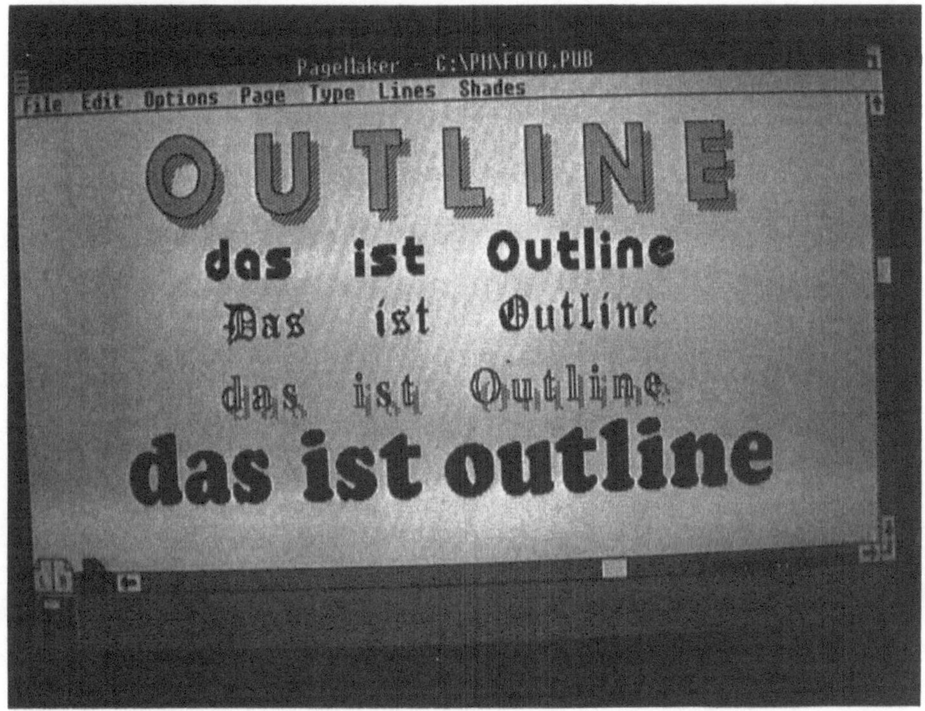

Abb. 17b Darstellung der Outline-Schriften in PageMaker.

Reine Textanwendungen - Anwendungsstufe 1

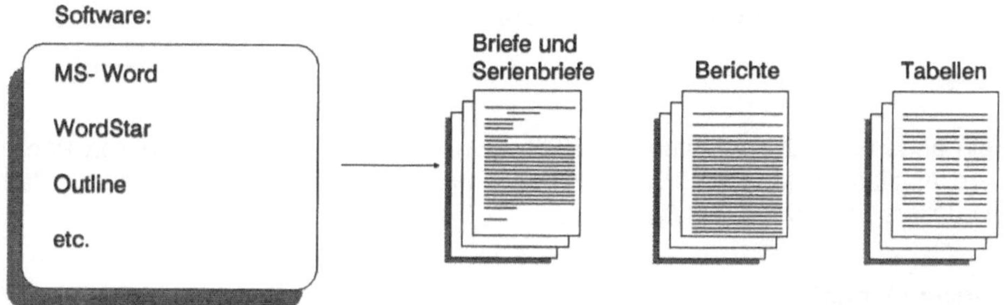

Leistungsmerkmale:

Diese Anwendungsstufe umfaßt das Erstellen von Dokumenten, die ausschließlich aus Text bestehen, sowie die typografische Gestaltung unter Anwendung der Hewlett Packard Softfonts sowie der Formatierungsmöglichkeiten umfangreicher Textverarbeitungsprogramme. Als Zusatzoption zu Microsoft Word kommt die Software Outline zur Anwendung, mit der die über den Druckertreiber anzusteuernden Schriften eigenständig zusammengestellt werden und dauerhaft in den Drucker geladen werden können. Darüberhinaus können durch Schriftmodifikation aus den Softfonts von Hewlett Packard sowie aus dazu kompatiblen Softfonts Outline- und Schattenschriften erstellt werden. Diese modifizierten Schriften können ebenfalls in die Druckertreiber integriert und dauerhaft in den HP LaserJet geladen werden.

Hardware-Konfiguration:

HP Vectra oder anderer AT-kompatibler Personalcomputer mit Hercules- oder EGA-Grafikkarte und 20 MB Festplatte.

HP LaserJet mit HP Softfonts Times und Helvetica in Schriftgrößen von 6 bis 30 Punkt.

Software-Konfiguration:

Textverarbeitungsprogramm Microsoft Word 3.1 und höher, Zusatzprogramm Outline von S.A.X.-Software.

Alternativ dazu:

Textverarbeitungsprogramm MultiMate von Ashton-Tate.

oder

Textverarbeitungsprogramm WordStar von MicroPro in Verbindung mit Outline
und Computer-Satz von S.A.X.-Software.

oder

ein anderes Textverarbeitungsprogramm in Verbindung mit dem Hewlett Packard Application Monitor (PAM) und dem Programm PCL zur Ansteuerung des
Druckers und Laden von Softfonts.

Anwendungsfälle:

Dokumente die ausschließlich aus Text bestehen, einschließlich ein- oder
mehrspaltige Texte in unterschiedlicher Länge, die typografisch ansprechend
gestaltet und automatisch umbrochen werden sollen.

Also: Briefbögen, Briefe, Berichte, Mailings, Memoranden, Tabellen ohne grafische Illustration, die sich mit traditioneller Textverarbeitungssoftware erstellen
lassen.

Briefbogen

Briefbögen werden in allen Unternehmungen Verwendung finden. Auch der als
Einzelunternehmer tätige Freiberufler verwendet in der Regel einen Briefbogen
mit gestaltetem Briefkopf. Die Erstellung der Briefbogen wurde traditionell von
Setzereien und Druckereien nach Wunsch durchgeführt. Die auf Vorrat gehaltenen gedruckten Briefbogen verwendete man sodann als Druckträger beim
Erstellen der Briefe mit einer Schreibmaschine oder einem Textsystem.
Desktop Publishing und HP LaserJet bieten die Möglichkeit, Briefbögen selbst
zu erstellen. Zwar ist in diesem Fall eine farbige Gestaltung des Briefbogens
nicht möglich. Schon mit einfachen Mitteln lassen sich aber Gestaltungsideen
verwirklichen, die hohen Ansprüchen genügen. Der Briefbogen besteht aus
einem Kopf, der Name und Logo der Firma oder des Einzelunternehmers
sowie die Anschrift und eventuelle weitere Angaben enthält. Der Fuß enthält
zusätzliche Angaben, wie Namen des Geschäftsführers, Bankverbindung,
Handelsregistereintrag, etc. Auch die Anschrift kann im Fuß des Briefes
stehen. Weitere Elemente eines Geschäftsbriefes sind das Anschriftenfeld, die
Bezugszeichenzeile und der Betreffvermerk. Vergleichen Sie hierzu bitte auch
Kapitel 1, wo wir uns bereits ausführlich mit der Gestaltung eines Briefbogens
auseinandergesetzt haben.

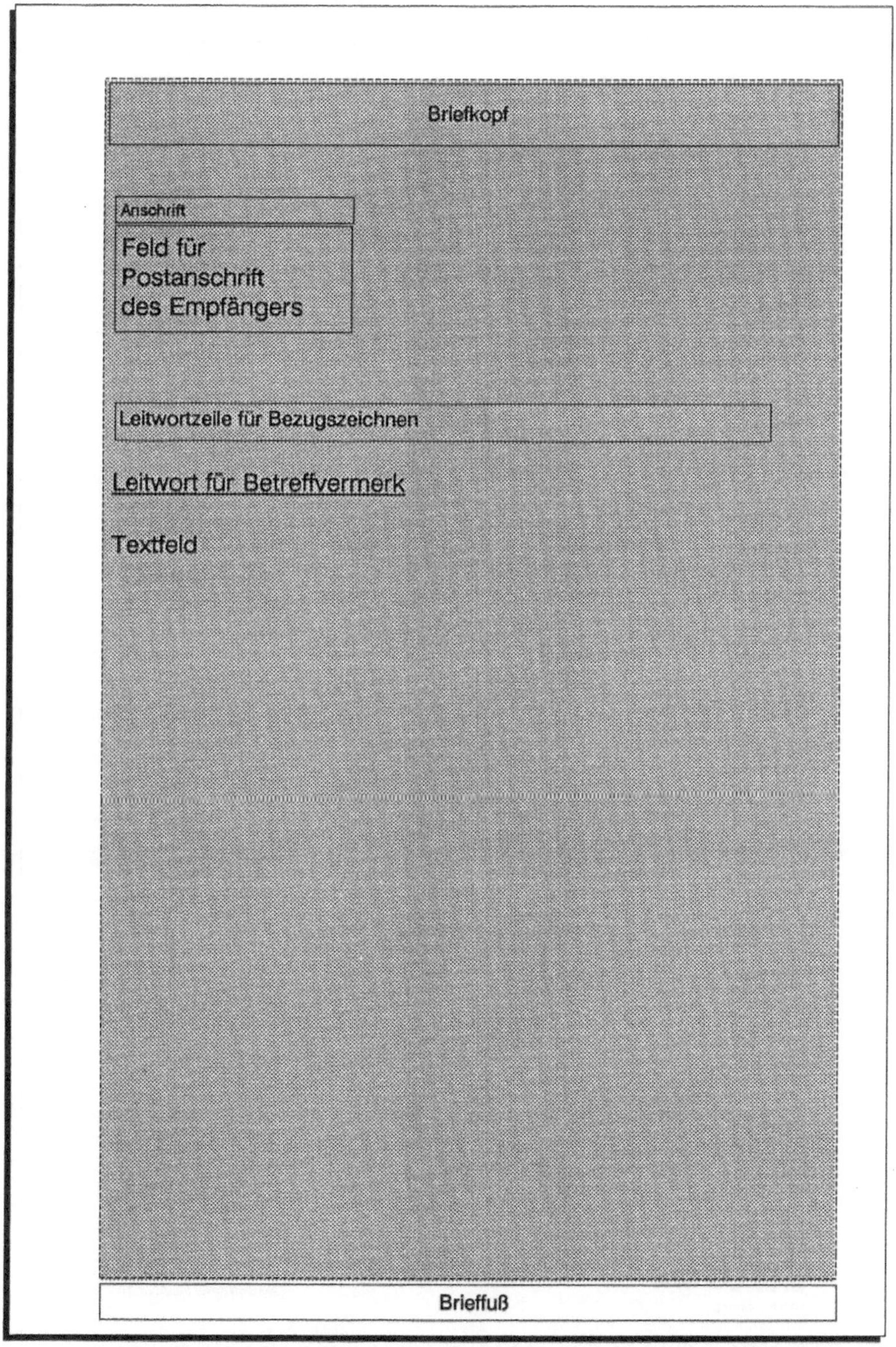

Abb. 18 Layout-Skizze für einen Briefvordruck.

Gries & Partner GmbH

Gries & Partner GmbH Kantstraße 34 6000 Frankfurt 1

Ihr Schreiben vom	Ihr Zeichen	Unser Zeichen	Datum

Betreffvermerk

Sehr

Mit freundlichen Grüßen

Peter Gries

Gries & Partner GmbH	Ffm HR 5879	Geschäftsführer: Peter Gries
Kantstraße 34		Stadtsparkasse Frankfurt, Nr.4532 21-106
6000 Frankfurt 1		
Tel.: (069) 78 98 09		

Abb. 19   Textbaustein für Briefvordruck in MS-Word.

Gries & Partner GmbH

Gries & Partner GmbH Kantstraße 34 6000 Frankfurt 1

Herrn
Stephan Müller
Feuerbachstraße 9

6000 Frankfurt 1

Ihr Schreiben vom	Ihr Zeichen	Unser Zeichen	Datum
			03.07.87

Ihre Rechnung Nr. 786

Sehr geehrter Herr Müller,

Der Betrag der Rechnung Nr. 786 in Höhe von 567,00 DM ist am 12
Juli fällig. Überweisen Sie den Betrag bitte auf das Konto Nr.
4532 21-106 bei der Stadtsparkasse.

Mit freundlichen Grüßen

Peter Gries

Gries & Partner GmbH	Pfm HR 5879	Geschäftsführer: Peter Gries
Kantstraße 34		Stadtsparkasse Frankfurt, Nr.4532 21-106
6000 Frankfurt 1		
Tel.: (069) 78 98 09		

Abb. 20   Briefvordruck mit eingestelltem Text erstellt mit MS-Word und Outline.

Briefbogen - erstes Beispiel

Briefbogen der Gries & Partner GmbH. Als ersten Briefbogen stellen wir Ihnen
den sehr einfach gehaltenen Bogen der Firma Gries & Partner GmbH vor. Der
Briefkopf besteht lediglich aus dem Firmennamen. Die Firma gibt den
Gegenstand der geschäftlichen Tätigkeit auf dem Briefbogen nicht an. Dies ist
durchaus nicht unüblich. Da es sich um eine GmbH handelt, finden wir im Brieffuß den Namen des Geschäftsführers sowie den Eintrag in das Handels-
register. In diesem Fall wurden auch die Firmenanschrift und die Bankverbindung in den Brieffuß gestellt.

Verwendete Software. Das vorgestellte Beispiel für einen Briefbogen wurde
von uns mit Microsoft Word 3.1 gestaltet. Zur Erstellung des Druckertreibers
für den HP LaserJet sowie zum Laden der verwendeten Schriften in den Druck-
ker wurde die Zusatzsoftware Outline der Firma S.A.X. verwendet.

Arbeitsorganisation. Voraussetzung zur Erstellung des Briefbogens ist die
Erstellung eines Druckertreibers und einer Datei mit der Software Outline, die
die Angaben über die benötigten Schriften enthält. Alle Texte des Briefbogens
werden in MS-Word erfaßt und formatiert. Der Briefbogen wird in einer normalen *.txt-Datei oder als Textbaustein abgelegt. Sobald ein Brief geschrieben
werden soll, greift man auf den vorbereiteten Briefbogen zurück, fügt den Brieftext hinzu und hat nun die Möglichkeit, Briefbogen und Brieftext in einem
Druckvorgang mit dem HP LaserJet auszugeben. Vor dem Ausdruck des
Briefes ist die entsprechende Outline-Datei zu aktivieren, um die erforderlichen
Schriften in den Drucker zu laden. Die für Briefbogen und Brief benötigten
Schriften sollten zusammen mit allen täglich benötigten Schriften Bestandteil
einer Outline-Datei sein. Für den Briefbogen können Sie die zuvor beschrie-
bene Outline-Standard-Schriftladedatei benutzen.

Vorgehensweise:

Mit den folgenden Arbeitsschritten werden Sie einen Briefbogen gestalten und
als Textbaustein in Microsoft Word ablegen. Auf diese Weise werden Sie in die
Lage versetzt, Briefbogen und Brieftext gemeinsam in einem Druckvorgang mit
dem HP LaserJet auszudrucken.

1.   **Erstellen Sie eine Skizze des Briefbogens. In dieser Skizze legen
      Sie genauestens fest: Länge (29,7 cm) und Breite (21,0 cm) der
      Seite, alle Maße für linken (2,00 cm), oberen (2,5), rechten (1,00 cm)
      und unteren (2,00 cm) Rand, für den Abstand von Kopf (1,25 cm)
      und Fuß (1,25 cm) zum oberen und unteren Rand sowie für die Posi-
      tion der anderen Textelemente des Briefbogens.**

2. **Aktivieren Sie die Eingabemaske für die Druckoptionen mit der Befehlsfolge Druck Optionen. Tragen Sie als Druckertreiber OUT-LINE ein.**

3. **Definieren Sie Papierformat und Satzspiegel: Mit der Befehlsfolge Format, Bereich, Layout aktivieren Sie die entsprechende Eingabemaske. Füllen Sie die Maske aus:**

   (Seitenrand oben 2,5 cm, unten 2,00 cm , links 2,00 cm, rechts 1,00 cm; Seitenlänge 29,7 cm, Breite 21,00 cm, etc.).
   Bei der Festlegung des Randes oben und unten bedenken Sie bitte, daß Kopf- und Fußzeilen im Rand Platz finden müssen. Legen Sie auch fest, in welchem Abstand von der oberen und unteren Papierkante Kopf- und Fußzeilen erscheinen sollen.

4. **Gestalten Sie zunächst den Briefkopf. Erfassen Sie den Text des Briefkopfes für die erste Seite (Firmenschriftzug). Formatieren Sie den Text des Briefkopfes. Unterlegen Sie ihn, und aktivieren Sie zur Formatierung als Kopfzeile die Eingabemaske mit Format, Kopf/-Fußzeile. Tragen Sie ein:**

   Position oben, Gerade Seiten nein, Ungerade Seiten nein, Erste Seite: ja.

   Der Briefkopf wird nur auf der ersten Seite eines Briefes nicht jedoch auf eventuellen Folgeseiten erscheinen. Zur Formatierung der Schriftzeichen aktivieren Sie die Eingabemaske mit Format, Zeichen. Geben Sie ein:

   Fett ja, Schriftart Zusatzschrift 2[*), Schriftgröße 30 Punkt.

   Der Briefkopf wird aus einer Times fett, outline in 30 Punkt gesetzt. Zur Definition der Ausrichtung aktivieren Sie die Eingabemaske mit Format, Absatz. Geben Sie ein:

   Ausschließung Mitte.

5. **Gestalten Sie die Linie für den Brieffuß: Beginnen Sie einen neuen Absatz. Aktivieren Sie mit Format, Zeichen die Eingabemaske, und tragen Sie ein:**

   Format Unterstrichen: (Ja). In den Absatz setzen Sie lediglich einen Tabulator. Aktivieren Sie mit Format, Tabulatoren die Eingabe-

---

*)   Bei der Arbeit mit aktuelleren Outline-Versionen können Schriftnamen eingegeben werden. Modifizierte Schriften werden durch die Nummer in der Outline-Tabelle gekennzeichnet. Beispiel: TMSRMN (2).

maske, und setzen Sie einen Tabulator an das Zeilenende. Als Ausrichtung tragen Sie Rechts ein.

6. Erfassen und gestalten Sie nun den Textbestandteil des Fußes:
    Beginnen Sie einen neuen Absatz und aktivieren Sie mit Format,
    Tabulatoren die Eingabemaske für Tabulatoren. Setzen Sie einen
    Tabulator in die Zeilenmitte und versehen ihn mit der Ausrichtung
    Zentriert. Anschließend setzen Sie einen Tabulator mit der Ausrich-
    tung Rechts an das Zeilenende.
    Erfassen Sie die Texte, und positionieren Sie die einzelnen Ele-
    mente mit Hilfe der Tabulatoren. Der Handelsregistereintrag wird mit
    dem ersten Tabulator in die Zeilenmitte gebracht. Geschäftsführer-
    vermerk und Bankverbindung werden mit dem zweiten Tabulator an
    das Ende der Zeile gestellt.
    Unterlegen Sie alle Bestandteile der Fußzeile. Zur Formatierung als
    Fußzeile aktivieren Sie die Eingabemaske mit Format, Kopf-/Fuß-
    zeile. Geben Sie ein:

    Position unten, gerade Seiten ja, ungerade Seiten ja, erste Seite ja.

    Der Brieffuß wird bei Briefen mit Fortsetzungsseiten auf jeder Seite
    wiederholt. Zur Formatierung der Schriftzeichen aktivieren Sie die
    Eingabemaske mit Format, Zeichen. Geben Sie ein:

    Fett nein, Schriftart Kleinschrift, Schriftgröße 8 Punkt.

7. Für mehrseitige Briefe wurde eine Wiederholung des Fußes auf den
    Fortsetzungsseiten festgelegt. Als Kopf soll auf diesen Seiten
    lediglich die zwischen zwei waagerechten Strichen stehende Pagina
    (Seitennummer) erscheinen. Hierfür geben Sie ein: Seite.
    Nachdem Sie das Wort Seite geschrieben haben, drücken Sie die
    Taste Baustein (F3), um den Textbaustein für die Seitennummer zu
    aktivieren. Word verwandelt Seite in (Seite) und zeigt damit an, daß
    der Textbaustein aktiviert wurde.
    Formatieren Sie den Pagina-Aufruf (Seite) als Briefkopf der zweiten
    und aller folgenden Seiten. Unterlegen Sie ihn, und aktivieren Sie
    zur Formatierung als Kopfzeile die Eingabemaske mit Format, Kopf-/
    Fußzeile. Tragen Sie ein:

    Position: oben, gerade Seiten: ja, ungerade Seiten: ja, erste Seite:
    nein.

    Zur Formatierung der Schriftzeichen aktivieren Sie die Ein-
    gabemaske mit Format, Zeichen. Geben Sie ein:

    Fett nein, Schriftart Standardschrift, Schriftgröße 10 Punkt

Zur Definition der Zentrierung aktivieren Sie die Eingabemaske mit Format, Absatz. Geben Sie ein:

Ausschließung: Zentriert

8. Gestalten Sie die Postanschrift des Absenders im Anschriftenfeld. Den Abstand zum Briefkopf legen Sie mit Leerzeilen fest. (Alternativ dazu können Sie auch innerhalb des Absatzformates einen Anfangsabstand eingeben.) Beachten Sie die richtige Anordnung des Anschriftenfeldes für Fensterbriefhüllen. Beginnen Sie einen neuen Absatz, und erfassen Sie die Absenderanschrift. In der Eingabemaske Format, Zeichen geben Sie ein:

Kleinschrift, 8 Punkt, Unterstrichen: (ja).
In der Eingabemaske Format, Absatz geben Sie ein:

Ausschließung: Links.

9. Gestalten Sie die Leitwörter für die Bezugszeichen. Den Abstand zur Postanschrift des Absenders geben Sie wieder mit Leerzeilen (oder über den Anfangsabstand des Absatzformates) ein. Positionieren Sie die Leitwörter mit Tabulatoren. Aktivieren Sie die Eingabemaske mit Format Tabulator, Tabulator setzen, und geben Sie ein:

Tabulator 1: Position 5,08 cm, Ausrichtung links
Tabulator 2: Position 09,4 cm, Ausrichtung links
Tabulator 3: Position 13,97 cm, Ausrichtung links.
Ausschließung:Links

Formatieren Sie den Text in der Eingabemaske Format, Zeichen. Geben Sie ein:

Standardschrift, 8 Punkt, Unterstreichen (Nein)

10. Gestalten Sie das Leitwort für den Betreffvermerk.

11. Falls Sie Ihre Briefe nicht mit einer Schreibmaschine, sondern mit Ihrer Textverarbeitungssoftware erstellen wollen, sollten Sie in den Briefbogen auch noch den Beginn der Anrede, sowie den Gruß aufnehmen. Diese Textelemente formatieren Sie mit:

Zusatzschrift 1, 12 Punkt (Courier 12 Punkt).

12. Speichern Sie den Briefbogen als Textbaustein. Unterlegen Sie hierzu die gesamte Datei, und rufen Sie Kopie auf. In das Eingabefeld

Kopie in: () tragen Sie Brief ein und schließen mit Return ab. Anschließend speichern Sie den erzeugten Textbaustein mit:

Übertragen, Textbausteine, Speichern.

13. Falls Sie einen Brief schreiben möchten, legen Sie eine Datei an, tragen das Wort Brief ein und aktivieren mit Taste F3 den Textbaustein.

Der Briefbogen erscheint im Bildschirm. Fügen Sie den gewünschten Brieftext hinzu. Anschließend können Sie Brieftext und Form gemeinsam mit dem HP LaserJet ausdrucken.

Briefbogen - zweites Beispiel.

Als zweites Beispiel für einen Briefbogen stellen wir Ihnen den Briefbogen der Firma Data-Studio GmbH in Frankfurt vor. Der Briefkopf ist dem zuerst vorgestellten der Firma Gries & Partner GmbH sehr ähnlich. Die Firma Data-Studio gibt aber im Briefkopf die Firmenanschrift an. Der Namenszug der Firma ist hier aus einer schattierten Outline-Schrift gesetzt. Wir erklären im folgenden lediglich jene Gestaltungen, die sich vom ersten Beispiel unterscheiden.

Verwendete Software. Auch der zweite Briefbogen wurde von uns in Microsoft Word 3.1 gestaltet. Zur Erstellung des Druckertreibers für den HP LaserJet sowie zum Laden der verwendeten Schriften in den Drucker wurde die Zusatzsoftware Outline der Firma S.A.X. verwendet.

Arbeitsorganisation. Die Arbeitsorganisation entspricht der des ersten Beispiels. Allerdings muß die Standard-Outline-Schriftlade-Datei modifiziert werden, da nun eine Schattenschrift zur Anwendung kommt.

Vorgehensweise:

1. Erstellen Sie unter MS-DOS von Ihrer Outline-Schriftlade-Datei eine Kopie, für die Sie den neuen Dateinamen Modif1 vergeben. Laden Sie Outline, und rufen Sie sogleich die kopierte Datei auf. Hierzu geben Sie als Programmaufruf ein:

C > outline Modif1

2. Modifizieren Sie die Tabelle. Als Zusatzschrift 2 geben Sie jetzt ein:

Times 24 Punkt fett. Modifizieren Sie diese Schrift zu einer Schattenschrift. Führen Sie hierzu den Cursor auf die Position Times 24 Punkt fett, drücken Sie die Taste INS. Es erscheint das Schriftmodifikationsmenü. Geben Sie ein:

Data-Studio GmbH

Berliner Straße 46   6000 Frankfurt 1   Tel.: 069 - 35 87 65

Data-Studio GmbH Berliner Straße 46 6000 Frankfurt 1

Ihr Schreiben vom	Ihr Zeichen	Unser Zeichen	Datum

Sehr

Mit freundlichen Grüßen

Data-Studio GmbH   HR 20 325

Geschäftsführer: Otto Bauer   Stadtsparkasse Frankfurt, Nr. 6782 28-196

Abb. 21   Textbaustein für den Briefbogen des Briefes.

Outline, Tief: 45 %, Tiefeneffekt: 3D, Tiefenfarbe 60 % grau, Breite: 110 %.

Mit INS verlassen Sie das Schriftmodifikationsmenü. Anschließend laden Sie die Schriften und lassen einen Probedruck ausgeben.

3.   Laden Sie Word, und gestalten Sie den Briefbogen.

4.   Zur Gestaltung des Briefbogens folgen Sie den Anleitungen des ersten Beispiels. In Abwandlung davon gestalten Sie den Briefkopf wie folgt: Setzen Sie einen Tabulator mit Ausrichtung: Zentriert auf die Seitenmitte, einen Tabulator mit Ausrichtung: Rechts an den rechten Rand. Für beide Tabulatoren geben Sie ein:

Füllzeichen: _

Geben Sie einen Tabulatorsprung ein, und formatieren Sie Ihn mit Standardschrift, 10 Punkt, Unterstrichen: (Ja). Geben Sie den Firmennamen ein, und formatieren Sie ihn mit:

Zusatzschrift 2, 24 Punkt, fett (Times 24 P, fett, outline, schattiert).

(Falls Sie nach dem Ausdruck feststellen, daß Word den Firmennamen aufgrund der Outline-Schrift nicht richtig zentriert, zentrieren Sie ihn durch Setzen eines linksbündigen Tabulators auf die Position 3,3 cm.) Beginnen Sie einen neuen Absatz, geben Sie einen Tabsprung ein und schreiben Sie die Firmenanschrift. Formatieren Sie die Firmenanschrift mit:

Standardschrift, 10 Punkt (Times), Unterstrichen (Nein).
Firmenname und Anschrift formatieren Sie mit:

Format, Kopf-/Fußzeile als Kopf der ersten Seite.

5.   Zur vertikalen Positionierung der einzelnen Bestandteile des Briefbogens geben Sie Leerzeilen ein, oder definieren Sie den Abstand der Postanschrift des Absenders zum Kopf sowie den Abstand zwischen den Leitwörtern der Bezugszeichenzeichenzeile und dem Leitwort für den Betreffvermerk mittels Anfangsabstand in der Eingabemaske Format, Absatz. Zwischen der Postanschrift des Absenders und den Leitwörtern für die Bezugszeichen müssen Sie allerdings in jedem Fall Leerzeilen einfügen, damit hier später die Anschrift eingetragen werden kann.

6.   Speichern Sie den Briefbogen als Textbaustein BRIEF2, und drucken Sie Ihn zur Probe mit dem HP LaserJet aus.

Ein Serienbrief

Serienbriefe sind Standardbriefe, die mit Textveränderungen an eine Vielzahl von Empfängern verschickt werden. Ein Serienbrief besteht daher immer aus einem gleichbleibenden Textkörper und variablen Textelementen. Zu den variablen Textelementen gehören natürlich in erster Linie die Bestandteile der Empfängeranschrift sowie bei persönlichen Briefen die Anrede. Diese Textelemente müssen in eine Steuerdatei eingetragen werden. Auch Bestandteile des Brieftextes können in die Steuerdatei aufgenommen werden, so daß der Briefinhalt in Abhängigkeit vom Empfänger variieren kann. Der Textkörper wird zusammen mit den Aufrufen für die Textvariablen in eine Datei gestellt. Werden Briefbögen zusammen mit dem Text in einem Druckvorgang des HP LaserJet ausgedruckt, so müssen natürlich alle Elemente des Briefbogens ebenfalls in dieser Datei stehen. Aufgrund der Macro-Funktion des HP LaserJet ergibt sich eine sehr rationelle Arbeitsweise. Alle gleichbleibenden Briefbestandteile brauchen durch das Anwendungsprogramm nur einmal zum HP LaserJet übertragen werden. Diese Bestandteile werden vom HP LaserJet wie ein Formular behandelt, in das die Variablen zum gemeinsamen Ausdruck eingetragen werden. Dadurch ist der Druckvorgang bei Serienbriefen ebenso schnell wie bei mehrfachen Kopien desselben Dokumentes.

Das Beispiel. Als Beispiel für einen Serienbrief zeigen wir Ihnen das Anschreiben der Data-Studio GmbH an Ihre Geschäftspartner, mit dem diese Firma die Übersendung eines neuen Produktkataloges anzeigt. Der Serienbrief wird zusammen mit einem besonders gestalteten Briefbogen ausgedruckt.

Arbeitsorganisation. Zur Erstellung des Serienbriefes ziehen wir den im vorigen Beispiel erstellten Briefbogen heran. Für den Standardbrief wird eine Datei eröffnet. In diese Datei wird der Textbaustein BRIEF2 eingefügt und mit den notwendigen Steuerzeichen zum Aufruf der Textvariablen versehen. In eine separate Datei desselben Verzeichnisses werden die Anschriften und alle weiteren Textvariablen geschrieben. Die Anschriften können gegebenenfalls aus einem Datenbankprogramm wie dBase von Ashton Tate oder RBase von Microsoft übernommen werden.

Verwendete Software. Der Serienbrief wird mit Microsoft Word 3.1 und der Software Outline von S.A.X. erstellt.

Vorgehensweise:

1. **Eröffnen Sie eine Datei mit dem Namen serbrief.txt.**

2. **Fügen Sie in diese Datei den Textbaustein BRIEF2 ein.**

3. **Ergänzen Sie die Datei um den Standardbrieftext sowie die Aufrufe für die erforderlichen Textvariablen.**

Data-Studio GmbH

Berliner Straße 46   6000 Frankfurt 1   Tel.: 069 - 35 87 65

<u>Data-Studio GmbH Berliner Straße 46 6000 Frankfurt 1</u>

«Steuerdatei Adress1.txt»
«Name1»
«Firma»
«Straße»

«Plz» «Ort»

Ihr Schreiben vom	Ihr Zeichen	Unser Zeichen	Datum
			15.02.87

Sehr «Name2»,

wir senden Ihnen beiliegend unseren neuen Produktkatalog für 1988.
Falls Sie Fragen zu den Produkten haben stehen wir ihnen jederzeit
gerne zur Verfügung.

Mit freundlichen Grüßen

Helmut Müller
Marketingleiter

Data-Studio GmbH   HR 20 325
Geschäftsführer: Otto Bauer   Stadtsparkasse Frankfurt, Nr. 6782 28-196

Abb. 22   Serienbrief mit Standardtext und Veriablenaufrufen, erstellt mit MS-Word und Outline.

Data-Studio GmbH

Berliner Straße 46   6000 Frankfurt 1   Tel.: 069 - 35 87 65

Data-Studio GmbH Berliner Straße 46 6000 Frankfurt 1

Frau Doris Frank
Compu-Daten GmbH
Mendelstraße 21

6000 Frankfurt 1

Ihr Schreiben vom	Ihr Zeichen	Unser Zeichen	Datum
			15.02.87

Sehr geehrte Frau Frank,

wir senden Ihnen beiliegend unseren neuen Produktkatalog für 1988.
Falls Sie Fragen zu den Produkten haben stehen wir ihnen jederzeit
gerne zur Verfügung.

Mit freundlichen Grüßen

Helmut Müller
Marketingleiter

Data-Studio GmbH   HR 20 325
Geschäftsführer: Otto Bauer   Stadtsparkasse Frankfurt, Nr. 6782 28-196

Abb. 23a   Ein Exemplar aus einer Reihe von Serienbriefen, erstellt mit MS-Word und Outline.

Data-Studio GmbH

Berliner Straße 46   6000 Frankfurt 1   Tel.: 069 - 35 87 65

Data-Studio GmbH Berliner Straße 46 6000 Frankfurt 1

Herrn Thomas Weber
Weber & P. GmbH
Goethe Straße 5

7000 Stuttgart 1

Ihr Schreiben vom	Ihr Zeichen	Unser Zeichen	Datum
			15.02.87

Sehr geehrter Herr Weber,

wie bereits besprochen sind wir selbstverständlich gern bereit,
Sie mit unseren Produkten zu versorgen. Hiermit senden wir Ihnen
unser komplettes Produktenkatalog.
Falls Sie Fragen zu den Produkten haben stehen wir ihnen jederzeit
gerne zur Verfügung.

Mit freundlichen Grüßen

Helmut Müller
Marketingleiter

Data-Studio GmbH   HR 20 325
Geschäftsführer: Otto Bauer   Stadtsparkasse Frankfurt, Nr. 6782 28-196

Abb. 23b   Ein Exemplar aus einer Reihe von Serienbriefen, erstellt mit MS-Word und Outline.

Vor den Aufruf der ersten Textvariablen stellen Sie den Aufruf der sogenannten Steuerdatei. Damit teilen Sie Word mit, in welcher Datei sich die Textvariablen befinden. Die Aufrufe der Steuerdatei und der Textvariablen stehen zwischen dem Zeichen « und dem Zeichen ».

4.   Drucken Sie Ihren Serienbrief mit HP LaserJet aus.

Tabellen

Tabellen sind die wohl meist benutzte Form zur übersichtlichen Darstellung von Daten aller Art. Eine Tabelle besteht aus Spalten und Reihen. Jede Reihe besteht aus ebensovielen Feldern wie die Tabelle Spalten besitzt. Die Gestaltung der Tabellen kann von unterschiedlicher Komplexität sein. Spalten und Reihen können durch Linien voneinander getrennt werden. Wir zeigen zwei einfache Tabellen, wie sie sich mit Word problemlos gestalten lassen.

Tabelle - erstes Beispiel.

Unsere erste Beispieltabelle listet die Geburtstage aller Mitarbeiter der Firma Data Studio GmbH auf. Die Tabelle ist vierspaltig. Sie enthält Name, Vorname und Geburtsort. Der Tabellenkopf ist durch eine waagerechte Linie vom Tabellenkörper getrennt.

Arbeitsorganisation. Für den Tabellenkopf, den Tabellenkörper sowie für die Trennlinie wird jeweils ein neuer Absatz in Word begonnen. Die Daten der Tabelle können gegebenenfalls aus einem Datenbankprogramm übernommen werden.

Vorgehensweise:

1.   Kopieren Sie Ihre Outline-Schriftlade-Datei Standard und vergeben Sie für die Kopie den neuen Dateinamen Modif2. Laden Sie Outline mit der neuen Schriftlade-Datei. Geben Sie ein:

      C > outline Modif2

      Ändern Sie die Tabelle, indem Sie in diesem Fall Helvetica-Schriften benutzen. Laden Sie die Schriften mit der neuen Schriftladedatei in den HP LaserJet.

2.   Legen Sie die Word-Datei tabel1.txt an, und wählen Sie den Druckertreiber OUTLINE.

3.   Definieren Sie die Tabulatoren für die vier Spalten der Tabelle.

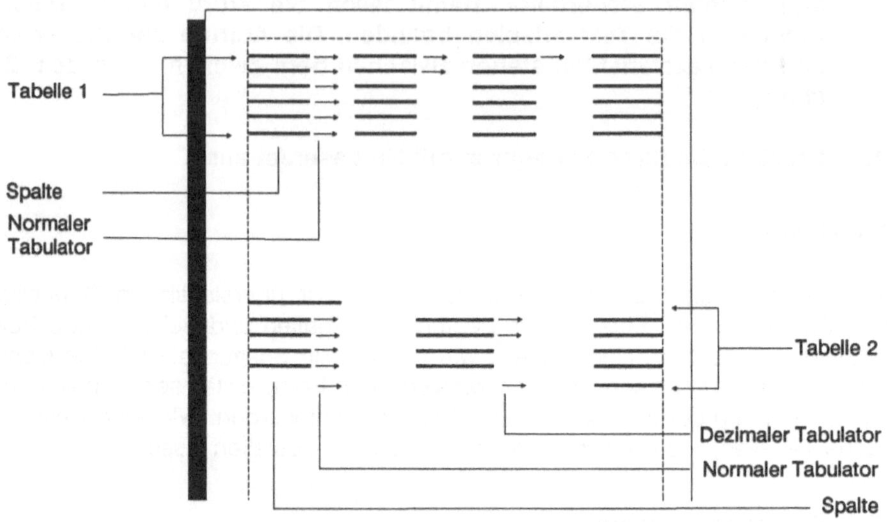

Abb. 24   Skizze einer Seite mit den zwei Tabellenbeispielen.

Name	Vorname	Geburstag	Geburtsort
Ackerman	Gustav	07.07.57	Hamburg
Berger	Berthold	14.11.55	Friedberg
Müller	Renate	30.09.58	Mainz
Friedrich	Paul	12.04.60	Wiesbaden
Dietrich	Rolf	09.12.63	Dortmund

<u>Umsatz in Artikel Y</u>

Filiale I	Ludwigshafen, Peterweilstraße 4	7.343 DM
Filiale II	Darmstadt, Schönbaumstraße 14	3.232 DM
Filiale III	Bochum, Steinbockstraße 45	2.467 DM
Filiale IV	Bad Homburg, Siegfriedstraße 34	7.890 DM
Filiale V	Fulda, Dronbusch Straße 17	5.345 DM
		26.277 DM

Abb. 25   Tabellen (oben erstes Beispiel, unten zweites Beispiel) erstellt mit MS-Word.

Alle Tabulatoren werden mit Ausrichtung: Links formatiert.

4. **Beginnen Sie einen neuen Absatz, und übernehmen Sie die Tabulatoren aus dem ersten Absatz. (Sie brauchen die Tabulatoren nicht erneut zu definieren, da Sie aus dem vorhergehenden Absatz automatisch übernommen werden.) Dieser Absatz wird später Absatz drei, in dem Sie die gleichen Tabulatoren benötigen wie in Absatz 1.**

5. **Beginnen Sie einen dritten Absatz, um eine Linie zu ziehen. Löschen Sie alle gültigen Tabulatoren und setzen Sie einen Tabulator mit Ausrichtung: Rechts an das Zeilenende. Geben Sie ein:**

    Füllzeichen: _

    Diesen Absatz positionieren Sie mit Löschen/Einfügen auf die Position zwischen Absatz 1 und Absatz 2 um. Achten Sie darauf, daß Sie das Absatzendezeichen mit umheben.

6. **Definieren Sie für den zweiten Absatz einen Anfangs- und Endabstand von je 0,03 mm. Tasten Sie einen Tabulatorsprung. Alternativ dazu kann eine Linie auch durch Formatierung des Tabsprungs und des Absatzendezeichens mit Format, Zeichen, Unterstrichen: Ja gezogen werden.**

7. **Füllen Sie die Tabelle in den Absätzen 1 (Kopf) und 3 (Körper) aus. Innerhalb des Tabellenkörpers benutzen Sie zum Abschluß der Zeilen ein Zeilenende (Shift Return).**

8. **Formatieren Sie den Tabellenkopf und den Tabellenkörper mit:**

    Format, Zeichen, Standardschrift, 10 Punkt, Unterstrichen (Nein).

9. **Drucken Sie die Tabelle mit dem HP LaserJet aus, und speichern Sie die Datei ab.**

Tabelle - zweites Beispiel

Unser zweites Tabellenbeispiel zeigt eine Übersicht über die Umsätze, die in den verschiedenen Filialen der Firma Data Studio GmbH mit einem Artikel Y erzielt wurden. Die Tabelle soll dem Geschäftsführer Herrn Otto Bauer als Grundlage für die Entscheidung dienen, ob ein ähnlicher Artikel Z in allen 5 Filialbetrieben eingeführt werden soll (siehe Abb. 25).

Arbeitsorganisation. Die Tabelle wird mit einem separat stehenden Titel "Umsatz in Artikel Y" gesetzt. Sie hat 3 Spalten, in denen angegeben wird: Filiale, Anschrift der Filiale und Umsatz in dem betreffenden Artikel.

Vorgehensweise:

1. **Starten Sie Outline, und laden Sie die Schriften mit der Schriftlade-Datei Modif2.**

2. **Legen Sie eine Word-Datei tabel2.txt an.**

3. **Stellen Sie den Cursor auf die Absatzendemarkierung, und aktivieren Sie die Eingabemaske für das Zeichenformat mit Format, Zeichen. Tragen Sie ein:**

   Standardschrift, 10 Punkt.

   Aktivieren Sie die Eingabemaske für das Absatzformat, und tragen Sie ein:

   Ausrichtung: Links.

   Definieren Sie bei unterlegter Absatzmarkierung folgende Tabulatoren:

   Tabulator für Spalte 1 Ausrichtung: Links;
   Tabulator für Spalte 2 Ausrichtung: Links;
   Tabulator für Spalte 3 Ausrichtung: Dezimal.

4. **Schreiben Sie nun die Tabelle, und setzen Sie die entsprechenden Tabulatorsprünge.**

5. **Drucken Sie die Tabelle mit dem HP LaserJet aus, und speichern Sie die Datei ab.**

Charts

Charts werden in erster Linie zur visuellen Unterstützung für die freie Rede eingesetzt. Sie werden zu diesem Zweck auf einer Overhead-Projektionsfolie ausgedruckt und mit einem Overhead-Projektor ergänzend zu einem Vortrag auf eine Projektionswand projeziert. Charts bestehen daher in der Regel aus wenigen Stichpunkten oder Merksätzen. Auch Geschäftsgrafiken können natürlich Bestandteile von Charts sein.

Chart - erstes Beispiel

Unser erstes Chart dient zur Unterstützung eines Vortrages über den Einsatz des HP ScanJet. Es handelt sich um das Titelchart des Vortrages, das das Thema vorstellt. Das Chart ist in Times Roman gesetzt. Die Titelzeile wurde aus Times Roman fett in 30 Punkt, der Untertitel aus der gleichen Schrift in 24 Punkt gesetzt.

Verwendete Software. Microsoft Word 3.1 mit Druckertreiber HPLJ_ADL.DBS und HP Softfonts Times Roman fett in 30 und 24 Punkt.

Arbeitsorganisation. Zur Erstellung solcher Charts muß ein Landscape-Druckertreiber verwendet werden. Im Word-Verzeichnis müssen die Dateien HPLJ_ADL.DBS und HPLJ_ADL.EXE sowie die Schriften TR300BPN.R8P und TR240BPN.R8P vorhanden sein. Die Charts sind im Querformat gestaltet. Der verwendete AD-Druckertreiber startet eine Anfrage zum Laden der entsprechenden Landscape-Schriften in den HP LaserJet. Wird die Anfrage mit J quittiert, werden die Schriften in den Drucker geladen. Die Schriften müssen in dem Word-Verzeichnis der Festplatte vorhanden sein. Wurden die Schriften bereits zuvor geladen, ist die Anfrage beim Ausdruck mit N zu quittieren. Der Druckvorgang wird dann sofort gestartet.

Vorgehensweise:

1. **Laden Sie Microsoft Word, und erstellen Sie eine Datei mit dem Namen chart1.txt.**

2. **Öffnen Sie die Eingabemaske für Druckoptionen mit der Befehlsfolge Druck, Optionen, und wählen Sie als Druckertreiber HPLJ_ADL.DBS.**

3. **Öffnen Sie die Eingabemaske für die Ränder mit der Befehlsfolge Format, Bereich, Seitenrand und stellen Sie die Bemaßungen für Ränder und Seitengröße dem Format A4-quer entsprechend ein (Seitenlänge 21 cm, Breite 29,7 cm).**

4. **Gestalten Sie die beiden Zeilen des Charts als zwei Zeilen des gleichen Absatzes, und geben Sie den Abstand oberhalb und unterhalb als Anfangs- und Endeabstand dieses Absatzes an. Den Abstand der beiden Zeilen geben Sie als Zeilenabstand an. Öffnen Sie hierzu die Eingabemaske für die Absatzattribute mit Format, Absatz und tragen Sie die entsprechenden Werte ein. Tragen Sie außerdem ein:**

   Ausrichtung: Zentriert.

5. **Schreiben Sie den Text des Charts. Zwischen beiden Zeilen geben Sie ein Zeilenende ein (Shift Return). Nach der letzten Zeile geben Sie ein Absatzende ein (Return).**

Abb. 26   Overhead-Projektions-Chart, erstellt mit MS-Word.

Abb. 27   Overhead-Projektions-Chart, erstellt mit MS-Word.

6.   Unterlegen Sie die erste Zeile, und öffnen Sie mit Format, Zeichen die Eingabemaske für die Schriftauszeichnung und wählen Sie an:

Schriftart: Fett: (Ja), TMSRMN, Schriftgröße 30 Punkt, Unterstrichen: (Nein).
Anschließend unterlegen Sie die zweite Zeile und legen als Schrift für diese Zeile fest:

Times Roman fett, 24 Punkt.

7.   Speichern Sie Ihre Datei, und drucken Sie das Chart mit dem HP LaserJet aus.

Die Frage "Schriften in den Drucker laden?" quittieren Sie mit J, falls Sie nicht zuvor die benötigten Schriften in den Drucker geladen haben.

Chart - zweites Beispiel

Bei unserem zweiten Beispiel könnte es sich ebenfalls um ein Chart für einen Vortrag zum HP-ScanJet handeln. Das Chart hat einen Bestandteil des HP ScanJet-Equipments zum Gegenstand - die HP Scanning Gallery. Natürlich werden Sie in einem Vortrag nicht Charts mit zwei verschiedenen Schriftschnitten einsetzen. Wir haben hier unser zweites Chart aber aus einer Helvetica fett in 30 und 24 Punkt gesetzt, um Ihnen auch die Schrift Helvetica in einem Chart vorzustellen (siehe Abb. 27).

Verwendete Software. Microsoft Word 3.1 mit Druckertreiber HPLJ_ADL.DBS und HP Softfonts Helvetica fett in 30 und 18 Punkt.

Arbeitsorganisation. Zur Erstellung solcher Charts muß ein Landscape-Druckertreiber verwendet werden. Im Word-Verzeichnis müssen die Dateien HPLJ_ADL.DBS und HPLJ_ADL.EXE sowie die Schriften HV300BPN.R8P und HV240BPN.R8P vorhanden sein. Die Charts sind im Querformat gestaltet. Der verwendete AD-Druckertreiber startet eine Anfrage zum Laden der entsprechenden Landscape-Schriften in den HP LaserJet. Wird die Anfrage mit J quittiert, werden die Schriften in den Drucker geladen. Die Schriften müssen in dem Word-Verzeichnis der Festplatte vorhanden sein. Wurden die Schriften bereits zuvor geladen, ist die Anfrage beim Ausdruck mit N zu quittieren. Der Druckvorgang wird dann sofort gestartet.

Vorgehensweise:

1.   Laden Sie Microsoft Word, und erstellen Sie die Datei mit dem Namen chart2.txt.

2. Öffnen Sie die Eingabemaske für Druckoptionen mit der Be-
    fehlsfolge Druck, Optionen, und wählen Sie als Druckertreiber
    HPLJ_ADL.DBS.

3. Öffnen Sie die Eingabemaske für die Ränder mit der Befehlsfolge
    Format, Bereich, Seitenrand, und stellen Sie die Bemaßungen für
    Ränder und Seitengröße dem Format A4-quer entsprechend ein.

4. Gestalten Sie die beiden Zeilen des Charts als zwei Zeilen des
    gleichen Absatzes, und geben Sie den Abstand oberhalb und unter-
    halb als Anfangs- und Endeabstand dieses Absatzes an. Den
    Abstand der beiden Zeilen tragen Sie als Zeilenabstand ein. Öffnen
    Sie hierzu die Eingabemaske für die Absatzattribute mit Format, Ab-
    satz, und tragen Sie die entsprechenden Werte ein. Tragen Sie
    außerdem ein:

    Ausrichtung: Zentriert.

5. Schreiben Sie den Text des Charts. Zwischen beiden Zeilen geben
    Sie ein Zeilenende ein (Shift Return). Nach der letzten Zeile geben
    Sie ein Absatzende ein (Return).

6. Unterlegen Sie die erste Zeile und öffnen Sie mit Format, Zeichen
    die Eingabemaske für die Schriftauszeichnung und wählen Sie an:

    Fett: (Ja), Schriftart: HELV, Schriftgröße 30 Punkt, Unterstrichen:
    (Nein).

    Anschließend unterlegen Sie die zweite Zeile und legen als Schrift
    für diese Zeile Helvetica 24 Punkt, fett fest.

7. Speichern Sie Ihre Datei, und drucken Sie das Chart mit dem HP
    LaserJet aus. Die Frage "Schriften in den Drucker laden?" quittieren
    Sie mit J, falls Sie nicht zuvor die benötigten Schriften in den Druck-
    er geladen haben bzw. bereits ein Dokument gedruckt haben, für
    das diese Schriften automatisch geladen wurden.

Ein Bericht

Berichte werden in den verschiedenen Unternehmen zu unterschiedlichen
Themen geschrieben. Berichte können fachlicher Natur sein oder die wirtschaft-
liche Entwicklung des Unternehmens betreffen, sie können die technologische
Entwicklung oder die Marktlage analysieren und vieles andere mehr. In der Regel gestaltet man Berichte mit einem sehr sachlich gehaltenen Layout. Das Layout kann ein- oder zweispaltig sein. In Berichten können Überschriften unterschiedlicher Gradabstufung durch verschiedene Schriftauszeichnungen oder

durch eine durchgehende Abschnittsnumerierung kenntlich gemacht werden. Zu einem Bericht wird ein Inhaltsverzeichnis erstellt, er kann Fußnoten beinhalten und eventuell wird man auch einen Index anfügen.

Das Beispiel. Als Beispiel zeigen wir Ihnen einen zweispaltigen Bericht der Firma Gries & Partner GmbH zum Thema "Umweltfaktoren im Büro"[*). Die Überschriften und der Text des Titelblattes sind mit Outline-Schriften gesetzt. Der Bericht ist zweispaltig gestaltet.

Verwendete Software. Microsoft Word und Outline.

Arbeitsorganisation. Der Bericht wird in Microsoft Word erfaßt und gestaltet. Es wird ein Outline-Druckertreiber eingesetzt. Die Schriften werden mit Outline geladen. Das Layout ist zweispaltig. Alle Seiten außer dem Deckblatt tragen einen Kolumnentitel, der lediglich aus der zentrierten Seitennummer besteht.

Vorgehensweise:

1.   **Legen Sie eine Kopie der Schriftlade-Datei Standard unter dem Namen Modif3 an. Laden Sie Outline mit folgendem Programmaufruf:**

      C > outline Modif3.

      Modifizieren Sie die Schriftladedatei wie folgt:

      Die Großschrift Times Roman 12 Punkt, normal modifizieren Sie zu einer Outline-Schrift. Als Zusatzschrift 4 geben Sie Times Roman 18 Punkt, fett an. Modifizieren Sie diese Schrift zu einer Outline-Schrift.

      Damit stehen Ihnen folgende Schriften zur Verfügung:

      Times 30 Punkt, fett mit Schriftmodifikation Outline (Zusatzschrift 2) für den Firmennamen auf dem Deckblatt.
      Times 14 Punkt, mager für die Firmenanschrift auf dem Deckblatt und für die ersten Überschriften im Bericht.

      Times 18 Punkt, fett mit Schriftmodifikation Outline für den Titel des Berichtes.

      Times 12 Punkt, normal für die zweiten Überschriften.

2.   **Laden Sie die Schriften in den Drucker, und wählen Sie in Microsoft Word den Druckertreiber Outline an.**

[*)   Den Text haben wir entnommen aus: Das Büro der 80er Jahre, Spiegel-Verlagsreihe Märkte im Wandel, Hrsg. SPIEGEL-Verlag Hamburg, 1981.

Abb. 28 Layout-Skizze für einen Bericht.

Gries & Partner GmbH

Kantstraße 34   6000 Frankfurt 1   Tel.: 069 789809

BÜROEINRICHTUNG UND BÜROAUSSTATTUNG

Abb. 29   Deckblatt eines Berichtes, erstellt mit MS-Word und Outline. Quelle: Text von Norbert Leckerbusch, erschienen im Spiegel-Verlag.

5

Umweltfaktoren im Büro

Der Büroarbeitsplatz ist kein isoliertes Gebilde, sondern ist in eine mit vielfältigen Störeinflüssen belastete Umwelt eingebettet. Einige Störungen werden zwar subjektiv empfunden, sind aber auch objektiv meßbar. Die zumutbare Belastung durch objektiv meßbare Faktoren ist in Regel- und Skalenwerten festzulegen. Die einzelnen Raum-qualitäten wie Beleuchtung, Akustik, Klima und Gestaltung sind zwar voneinander abhängig, jedoch findet ein wechselseitiger Ausgleich nicht statt. Eine höhe Lärmbelastung wird auch durch die beste Beleuchtung nicht geringer, und die beste Klimatisierung kann eine fehlende Beleuchtung nicht ersetzen.

Je nach Büroraumart sind unterschiedliche Ausbaustufen in den einzelnen Bereichen erforderlich. Entsprechend verändert sich mit Trendverlagerungen in der Bürohausarchitektur und im allgemeinen Ausbaustand der Markt für Innenausbausysteme. Die heutigen Entwicklungen tendieren zur Arbeitsplatzbeleuchtung, zur individuellen Regelung von Heizung und Belüftung am Arbeitsplatz und schließlich zur Sanierung alter Bürohäuser mit dem Ziel, Energie einzusparen. Die frühere Trennung zwischen Innenausbau und Büromöblierung wurde dabei aufgegeben. Zunehmend werden Funktionen der Energie- und Nachrichtenversorgung, der Belüftung und Beleuchtung in die Ausbausysteme der Büromöblierung verlegt.

1. Klimatisierung

Der meistdiskutierte Umweltfaktor ist die Klimaanlage. Während man im konventionellen Zellenbüro meist mit normaler Lüftung und Heizung auskommt und die jeweilige Raumtemperatur als selbstverständlich hinnimmt, wird im Großraumbüro die zwangsläufig erforderliche Klimaanlage von vielen abgelehnt. Eine Klimatisierung ist wegen der größeren Raumtiefe und der höheren Wärmeerzeugung durch die Beleuchtung zwingend notwendig. Doch auch im Zellenbürohaus kann unter schwierigen Außenbedingungen eine Klimaanlage sinnvoll sein: beispielsweise bei hohem Verkehrsgeräuschpegel außerhalb del Gebäudes, bei starken Emissionen in der Nachbarschaft oder bei großen Gebäudehöhen.

Die noch wenig verbreitete Sonderform der Gruppenbüros könnte möglicherweise mit einfacheren Klimasystemen auskommen. Bei raumhohen Trennwänden ist denkbar, daß auf eine Vollklimatisierung verzichtet werden kann. Der geringere Anteil künstlicher Beleuchtung macht die Wärmelast und damit die Notwendigkeit der Kühlung kleiner. Möglicherweise kommt diese Art von Büros mit mechanisch unterstützter Belüftung aus.
Ausgangspunkt für jede Planung sind Raumlufttemperatur und relative Luftfeuchtigkeit, deren Werte für die

Behaglichkeit entscheidend sind. Die Einhaltung von Grenzwerten ist auch bei natürlicher Belüftung anzustreben.

Den größten Einfluß auf die Behaglichkeit haben jedoch die Luftbewegungen im Raum. Im Aufenthaltsbereich sollten 15 Zentimeter pro Sekunde nicht überschritten werden. Es kommt bei Klimasystemen jedoch immer wieder vor, daß durch ungünstige Aufstellung des Mobiliars, durch die Form der Unterdecken oder Stellwände Strömungen entstehen, die einige Arbeitsplätze unbehaglich machen. Auch heute noch kann die Raumluftströmung rechnerisch nicht exakt genug bestimmt werden, oft sind Modellversuche notwendig.

Für die Außenbereiche von Großraumbüros und klimatisierten Zellenbüros sind im allgemeinen auch heute noch Hochdruck-Induktionskonvektoren unterhalb des Fensters am zweckmäßigsten. Die Abluft wird in diesen Fällen entweder über Abluftleuchten oder die Flurzone abgesaugt. In Zellenbüros wie auch in den Randbereichen von Großraumbüros sind Anlagesysteme mit regelbarem Luftstrom zu empfehlen, denn hier variiert mit der jahreszeitlichen Schwankung des Sonneneinfalles auch der Kühlungsbedarf.

Anders verhält sich in den Innenzonen der Großraumbüros. Hier wird die thermische Belastung hauptsächlich durch Beleuchtung, durch Maschinen und Menschen verursacht. Im Jahresablauf bleibt sie nahezu gleich. Für die Luftführung in Innenzonen wurden in der Vergangenheit fast ausschließlich Systeme mit Luftführungen im Deckenbereich eingebaut. Das heißt, die Zugluft wird in geeignete Lüftungsschlitze oder Klimaröhren eingeblasen und an einer anderen Stelle der Decke mittels der Abluftleuchte abgesaugt. Dabei wird mit der Abluft nicht nur die thermische Belastung des Raumes abgesaugt, sondern auch schon unmittelbar an der Quelle der größte Teil der entstehenden Beleuchtungswärme. Für diesen Zweck hat man eine Fülle von Deckensystemen mit und ohne regulierenden Deckenauslässen entwickelt. Neuere konstruktionen verlegen die Ausblasöffnungen mehr in die Mitte des Raumes, durch entsprechend gestaltete abgehängte Auslässe unterhalb der Deckenhöhe. Weil so der Weg zm Boden kürzer ist, kann auch die Geschwindigkeit und die Temperaturdifferenz der Ausblasung geringer sein. Ein dritte Art der Luftführung - von unten nach oben - soll den prinzipiellen Nachteil aller bisherigen Klimasysteme ausschließen: die Notwendigkeit, alle Raumbereiche einheitlich mit gleichen Temperaturen zu klimatisieren. Bei der Klimatisierung von unten nach oben wird die Zuluft von unten, in Übereinstimmung mit der natürlichen Thermik, eingeblasen.

Quelle: SPIEGEL-Verlagsreihe Märkte im Wandel Band 10: Das Büro der 80er Jahre Herausgegeben von der SPIEGEL-Verlag Rudolf Augstein GmbH & Co. KG 1981, Autor: Norbert Leckerbusch

Abb. 30   Rechte Seite des Berichtes, erstellt mit MS-Word und Outline. Quelle: Text von Norbert Leckerbusch, erschienen im Spiegel-Verlag.

3. Gestalten Sie das Seitenlayout mit Format, Bereich, Seitenrand.

4. Für den aktuellen Bereich wählen Sie mit Format, Bereich, Layout
    einspaltig an. Mit Format, Bereich, Paginierung wählen Sie keine
    Paginierung an.

5. Gestalten Sie das Deckblatt des Berichtes. Den Abstand zwischen
    Firmenkopf und Titel geben Sie als Anfangsabstand des zweiten Ab-
    satzes ein. Alle Texte werden zentriert.

6. Mit der zweiten Seite beginnen Sie einen neuen Bereich.

7. Für den zweiten Bereich übernehmen Sie die Randeinstellungen des
    ersten, definieren aber nun ein zweispaltiges Layout. Wählen Sie For-
    mat, Bereich, Layout, und geben Sie ein:

    Fußnoten selbe Seite, Spalten 2, Spaltenabstand 0,6 cm.

8. Definieren Sie für den zweiten Bereich eine automatische Paginie-
    rung, die mit der ersten Seiten nach dem Deckblatt beginnt. Wählen
    Sie Format, Bereich, Paginierung, und geben Sie ein:

    Paginierung ja, Abstand oben 1,25 cm, Abstand links 10,2 cm,
    Pagina (Beginn), Bei (1), Form (1).

9. Erfassen Sie den Text und die Überschriften.

10. Zentrieren Sie die ersten Überschriften, die zweiten Überschriften
    schließen Sie linksbündig aus.

11. Den Grundtext schließen Sie als Blocksatz aus.

12. Geben Sie die Fußnoten mit Format, Fußnote ein.

13. Speichern Sie Ihren Bericht, und drucken Sie ihn mit dem HP
    LaserJet aus.

Text und Grafik mischen
Anwendungsstufe 2

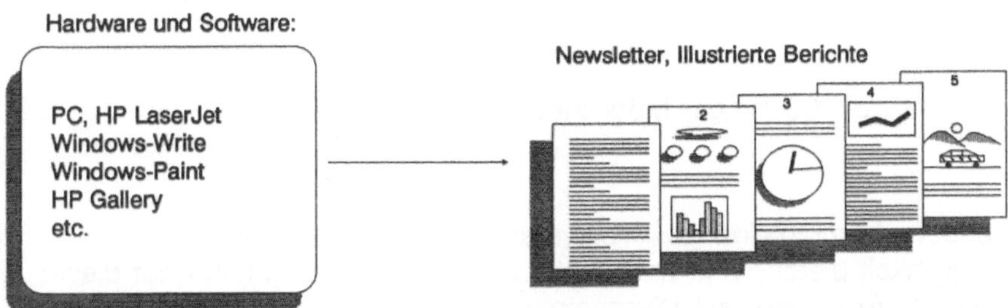

Leistungsmerkmale:

Diese Anwendungsstufe umfaßt die Erstellung einspaltiger Textdokumente, in die in begrenztem Umfang Grafiken integriert werden können. Gearbeitet wird mit dem Textverarbeitungsprogramm Windows Write und verschiedenen Grafikprogrammen. Die typografische Gestaltung findet unter Einsatz der HP Softfonts Times und Helvetica sowie des Zusatzprogramms Outline statt. Sie kann unter Windows auf dem Bildschirm kontrolliert werden.

Hardware-Konfiguration:

HP Vectra oder anderer AT-komptibler Personalcomputer mit Hercules- oder EGA-Grafikkarte und 20 MB Festplatte.

HP LaserJet mit Softfonts Times und Helvetica in Schriftgrößen von 6 bis 30 Punkt.

Software-Konfiguration:

MS-Windows-Benutzeroberfläche, Textverarbeitungsprogramm Windows Write evtl. in Verbindung mit MS-Word, Windows Draw, evtl. HP Drawing Gallery, HP Charting Gallery

oder

GEM-Benutzeroberfläche mit GEM Write, GEM Draw, GEM Draw Business Library, GEM-Word-Chart, GEM-Graph

oder

FrameWork

oder

WordStar Version 3.40 mit der Möglichkeit der Grafik-Integration

oder

MSWord Version 4.0 mit der Möglichkeit der Grafik-Integration

oder

eine andere Kombination aus Textverarbeitungs- und Grafikprogrammen, die die Möglichkeit bieten, Text und Grafik zu mischen. Dabei kann auf dieser Anwendungsstufe sowohl mit Diagrammen als auch mit frei gezeichneter Grafik gearbeitet werden.

Anwendungsfälle

Einspaltiger Text, der durch frei gezeichnete Grafiken oder Diagramme (Kreis-, Balken- und Liniendiagramme sowie Landkarten) illustriert werden soll.

Also: Berichte (Geschäftsberichte, Marktuntersuchungen, Strategiepapier, etc.),
Newsletter (Neuheiten-Reports, Presseinformationen, Vereins- und Club-Infos, Vertriebsmitteilungen, Produktinfos, etc.),
Verkaufsbroschüren (Angebote, Präsentationen, etc.)
Charts (Management-Charts, Präsentations-Charts, Kurs-Charts, etc.)

Ein Bericht

Berichte werden nahezu in allen oben genannten Anwendungssphären des Desktop Publishing geschrieben, in Forschungs- und Bildungseinrichtungen ebenso wie in Beratungsunternehmen und in allen Bereichen eines Industrie- oder Handelsunternehmens. Durch eine einfache typografische Gestaltung können Sie im Vergleich zum maschinengeschriebenen Manuskript stark an Wirkung gewinnen. In der Regel wird man Berichte im Format A4 veröffentlichen. Die Seiten werden, soweit es sich nicht um Arbeiten handelt, die in Büchern oder Zeitschriften erscheinen, nur einseitig bedruckt. Der Bericht wird in der Regel einfach eingebunden. Hierfür kommt die Spiral- oder Klebebindung in Betracht. Als Einband wird man Klarsichtfolie oder Glanzkarton verwenden. In letzterem Fall eventuell mit Sichtfenster. Die typografische Gestaltung muß der Anforderung einer klaren und übersichtlichen Gliederung entsprechen. In der Regel verwendet man Überschriften unterschiedlicher Grad-

BÜROEINRICHTUNG UND BÜROAUSSTATTUNG

I. Einführung

Während im großen Feld der Daten- und Informationsverarbeitung die vereinigten Staaten über Jahrzehnte hinweg eine Führungsposition erringen und behaupten konnten, sind im Bereich der Büroeinrichtung und -ausstattung die organisatorischen Konzepte, Produktideen, Produkt- und Arbeitsgestaltung zum überwiegenden Teil europäischen Ursprungs. Gerade die Organisationslehre in der Bundesrepublik Deutschland darf für sich in Anspruch nehmen, in den letzten 30 Jahren wesentliche Beiträge zur Arbeit im Büro geleistet zu haben. Aber auch aus Amerika kamen wichtige Impulse, zum Beispiel

- die Konzeption des Mietbürohauses mit freier Innengestaltung,
- der Anstoß zur Vollklimatisierung der Bürogebäude,
- wesentliche Produktideen im Bereich der Büromöbel, mit denen erstarrte Formen belebt und ganz neue Gestaltungs- und Besiedlungsmöglichkeiten für Büroräume aufgezeigt wurden.

Der Mark der Büroeinrichtungen und - ausstattung ist nach wie vor sehr stark im Wandel. In den nächsten zehn Jahren kann es noch zu erheblichen Änderungen der Büroumwelt kommen - allerdings weniger durch revolutionäre Ideen, sondern eher durch die Ausbreitung bereits vorhandener Möglichkeiten auf eine größere Anzahl von Arbeitsplätzen.

1.   Die Entwicklung vom Kontor zum Teambüro

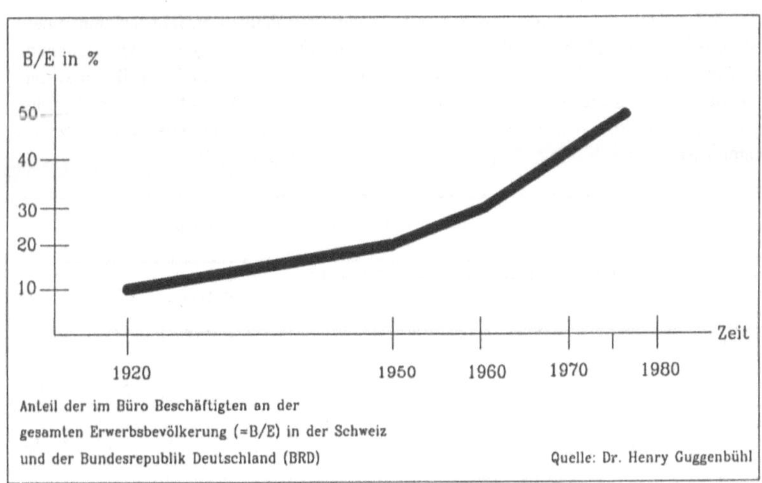

Mit der Entwicklung vom Kontor zum Büro der 80er Jahre fand nicht nur ein allmähliches Eindringen von Technik in die tägliche Büroarbeit statt, indem zum Beispiel die Schreibfeder durch die Schreibmaschine ersetzt wurde und der Kopierau-

...

Abb. 31 Erste (rechte) Seite eines Berichtes, erstellt mit Windows Write.

...

Das zeigt sich nicht nur bei Bürostühlen, wo die neuesten Produkte über die Vorgaben der Norm (zum Beispiel hinsichtlich des Verstellbereichs) hinausgehen, sondern auch bei Arbeitstischen, die sich durch die Einbeziehung von Bildschirmen und Kommunikationsgeräten in die tägliche Arbeit weiter verändern werden.

3.   Teilmärkte in der Bundesrepublik Deutschland

Büromöbel müssen als Teil der allgemeinen Büro- und Informationstechnik angesehen werden, nicht als Teil des allgemeinen Möbelmarktes. Im gesamten Marktsegment der Büro- und Informationstechnik nehmen die eigentlichen Büromöbel nur einen bescheidenen Platz ein. So lag das Inlandsangebot zu Marktpreisen bei Büromöbeln

1976	bei 1,04 Milliarden DM
1977	bei 1,23 Milliarden DM (+ 18,2 %)
1978	bei 1,44 Milliarden DM (+ 17,0 %)

Insgesamt schwankt der Anteil von Stahlbüromöbeln etwas. 1978 hatten Stahlbüromöbel einen Anteil von 32 Prozent, Holzbüromöbel einen Anteil von 68 Prozent, mit leicht rückläufiger Tendenz für Stahlmöbel.

Die eigentliche Büromöblierung ist aber nur ein Teil der gesamten Büroausstattung. Hinzu kommen die erheblichen Aufwendungen für den Büroinnenausbau: Klimatisierung, Beleuchtung, Akustik, Energie-versorgung und Nachrichtentechnik.

Diese Teilmärkte nehmen zwar technische Impulse aus der Büro- und Informationstechnik auf, sind jedoch stark von der volkswirtschaftlichen Situation un der Bau-konjunktur abhängig.

Je nach Typ und Ausstattungsgrad des betreffenden Bürohauses entfällt auf den Innenausbau oft ein erheblicher Teil der gesamten Baukosten. So zeigt eine Untersuchung von Siegel und Wonneberg, daß der reine Rohbauanteil beim einfachsten Bürohaustyp, dem nicht klimatisierten Zellenbüro, nur 41,4 Prozent der Gesamtbaukosten beträgt. Längerfristig ist zu erwarten, daß der Kostenanteil für den Innenausbaunoch weiter steigen wird.

Mittelwerte der Kostenanteile an den gesamten Kosten für Bürobauten

Bürohaustyp	Bauwerk	Rohbau	Ausbau	Haustechnik	Anzahl der verglichenen Objekte	Streubereich
Großraum-raumbüro klimatisiert	100 %	33,6 %	31,8 %	34,6 %	34	57 - 153 %
Zellenbüro klimatisiert	100 %	34,8 %	32,0 %	33,2 %	15	73 - 151 %
Zellenbüro nicht klimatisiert	100 %	41,4 %	38,1 %	20,5 %	28	60 - 142 %

Quelle: Dr. Ernst Sievers

Abb. 32   Zweite (linke) Seite des mit Windows Write erstellten Berichtes.

abstufung. Dabei sollte Zurückhaltung geübt werden. Wenige klare und durchdachte Gliederungsebenen sind aussagekräftiger als eine zu starke Untergliederung. Eingezogene Absätze können ein weiteres Gliederungselement innerhalb von Textabschnitten bilden, sie können durch Merkpunkte hervorgehoben werden. Eventuell kann für Querverweise und Literaturangaben mit Fußnoten gearbeitet werden. Die Unterstützung wichtiger Gedanken durch Illustrationen und Tabellen wertet jeden Bericht auf. Im Folgenden zeigen wir Ihnen ein Beispiel, das den wesentlichen Anforderungen für ein Berichtslayouts genügt.

Das Beispiel. Das Layout eines Berichtes stellen wir Ihnen am Beispiel einer Marktanalyse des Marktes für Büroeinrichtungen vor. Der Bericht wurde von dem Journalisten Norbert Leckebusch geschrieben und erschien im Oktober 1981 unter dem Titel BÜROEINRICHTUNG UND BÜROAUSSTATTUNG in der "Spiegel-Verlagsreihe Märkte im Wandel"[*]. Anhand dieser Arbeit werden wir Ihnen die wesentlichen Elemente für die Gestaltung eines Berichtes vorstellen und zeigen, wie ein solcher Bericht mit der oben aufgelisteten Software erstellt werden kann. Inhalt und Gestaltung sind als Zitate aus dem oben genannten Titel zu verstehen. Die Erläuterung der typografischen Gestaltung stammt von uns.

Verwendete Software. Die vorgestellten Auszüge wurden von uns in MS Windows Write gestaltet. Die Grafiken wurden mit Windows Draw erzeugt und in das Write-Dokument plaziert. Der Text wurde in MS Word erfaßt und in das Write-Dokument übernommen.

Arbeitsorganisation. Der Text wird zunächst in MS Word erfaßt, parallel dazu die Abbildungen in Windows Draw. Anschließend werden beide Elemente in Windows Write zusammengefaßt. Der Text wird in Write typografisch gestaltet. Dieses Vorgehen entspricht unserem Vorschlag, die redaktionelle Arbeit an längeren Textdokumenten in einem elaborierten Textverarbeitungsprogramm durchzuführen, da hier komfortable Möglichkeiten zur Erstellung einer Gliederung, zur Bearbeitung des Textes (Ausschneiden und Einsetzen, Textbausteine, etc.), zur Rechtschreibkorrektur und zur Erstellung von Index und Inhaltsverzeichnis bereitgestellt werden, auf die der Write-Benutzer unmittelbar keinen Zugriff hat. Arbeitet man mit MS Word und Windows Write, so werden die in Word bereits vorgenommenen Formatierungen in Write-Formate konvertiert, soweit Write über die entsprechenden Formate verfügt.

Vorgehensweise:

1. **Erstellen Sie Ihre Gliederung innerhalb der Gliederungsfunktion von MS-Word oder mit der vergleichbaren Funktion eines anderen Textverarbeitungsprogramms (MultiMate, WordStar etc.).**

---

[*]   Siehe: Das Büro der 80er Jahre, Spiegel Verlagsreihe Märkte im Wandel, Band 10, Spiegel Verlag, Hamburg.

Sie haben dabei die Möglichkeit, die verschiedenen Positionen Ihrer Gliederung unterschiedlichen Ebenen zuzuordnen und auch entsprechend zu numerieren.

2.   **Formatieren Sie die Überschriften Ihrer Gliederung als solche, damit Word später ein Inhaltsverzeichnis anlegen kann, in dem die Seitenzahl aufgeführt wird, auf der der entsprechende Abschnitt steht.**

3.   **Erfassen Sie nun in der gleichen Datei zu dem jeweiligen Gliederungsabschnitt Ihren Text.**

4.   **Bearbeiten Sie ihren Text bis die endgültige Textfassung festliegt, und fügen Sie dabei Textauszeichnungen (fett, kursiv, etc. zur Hervorhebung) mit ein.**

5.   **Erstellen Sie die zur Illustration bestimmter Gedanken benötigten Grafiken in Windows Draw.**

     Wenn Sie Word von Windows aus starten, können Sie relativ schnell zu einer anderen Windows-Applikation wechseln.

6.   **Öffnen Sie eine Windows Write Datei, und treffen Sie die grundlegenden Layout-Festlegungen.**

     Im Befehls-Menü Dokument: Dialogfenster Seitenlayout mit oberem, unterem, linken und rechten Rand sowie Startseitennummer für die Pagi-nierung; Kopfzeile (eventuell mit Einfügung der Pagina), Fußzeile (eventuell mit Einfügung der Pagina).
     Im Befehls-Menü Paragraph: Zeilenabstand.
     Im Befehls-Menü Fonts: die gewünschte Schriftart und -größe.

7.   **Öffnen Sie das in Word erzeugte Textdokument, und geben Sie Konvertieren in Write-Format an.**

8.   **Um eine Abbildung in den Text einzustellen, gehen Sie wie folgt vor.**

8.1 **Öffnen Sie die Windows Draw Applikation, und definieren Sie die Grafik, die Sie in Ihren Text einfügen möchten.**

8.2 **Wählen Sie im Befehls-Menü Bearbeiten (Edit) die Funktion Kopieren (Copy).**

     Es wird nun eine Kopie Ihrer Grafik in den Arbeitsspeicher gestellt.

8.3 **Öffnen Sie erneut die Write-Applikation.**

8.4 Stellen Sie den Cursor auf die Position, an der Sie eine Grafik einfügen möchten.

8.5 Wählen Sie im Befehls-Menü Bearbeiten (Edit) die Funktion Einfügen (Paste).

Die Grafik wird nun an der gewünschten Stelle eingefügt. Der nachfolgende Text wird nach unten weitergeschoben.

9. Formatieren Sie Ihren Text mit den Funktionen der Menüs Bearbeiten (Edit), Schriften (Fonts) und Absatz (Paragraph). Zwischendurch speichern Sie wie immer öfter einmal Ihr Arbeitsergebnis.

Die Grafik können Sie mit dem Befehls-Menü Bearbeiten (Edit), Befehl Abbildungsgröße (Size Picture) Ihrem Satzspiegel anpassen.

10. Nach Abschluß der Arbeit speichern Sie und drucken das Dokument auf dem HP LaserJet aus.

Memoranden

Als Memoranden bezeichnen wir ein breites Spektrum von Mitteilungsformen, die im Stil informell gehalten sind. Häufig kommen Memoranden als Form des innerbetrieblichen Informationsaustausches zum Einsatz. Memoranden können Bestandteil der innerbetrieblichen Kooperation bei der Erledigung alltäglicher Arbeiten sein, sie können aber auch eingesetzt werden, wenn Anregungen zu neuen Arbeitsmethoden oder Informationen über Arbeits- und Geschäftsergebnisse einem breiteren Personenkreis zugänglich gemacht werden sollen. Die Form des Memorandums kann ein Unternehmen aber auch anstelle des Newsletters einsetzen, um einem festen Kundenkreis Informationen über wichtige Neuerungen im Bereich der Produkte oder der Betriebsstruktur zukommen zu lassen.

Memorandum - erstes Beispiel

Als erstes Beispiel zeigen wir Ihnen ein Memorandum, das ein EDV-Berater, der sich auf die Installation von und die Arbeit mit Hewlett Packard Laserdruckern spezialisiert hat, einem bestimmten Anwenderkreis zukommen läßt. Bei den Adressaten handelt es sich um alle mit ihm zusammen arbeitenden FrameWork II-Anwender, die durch das Memorandum über den Einsatz des LaserJet in Zusammenhang mit FrameWork informiert werden. Ein wichtiger Vorteil der Arbeit im Desktop Publishing-Verfahren soll dabei auch grafisch verdeutlicht werden. Natürlich ist unser Memorandum selbst mit FrameWork erstellt und mit dem HP LaserJet ausgedruckt worden. Dabei zeigt sich, das der

<u>M E M O R A N D U M</u>

An: Alle FrameWork II-User

Von: LaserJet Series II-Berater

Datum: 22.12.87

Betreff: <u>Desktop Publishing mit Frame Work und LaserJet</u>

Ablage in: BRAND NEW

Sehr geehrter Benutzer von Frame Work II,

sicher haben Sie schon über die neue Methode gehört, Dokumente
mit PC-Software und Laserdruckern so ansprechend zu gestalten wie
dies bislang nur im Fotosatzverfahren möglich war. Wir wollen Sie
heute etwas genauer über diese Möglichkeit informieren.

Bei Verwendung eines Hewlett Packard LaserJet Series II sind Sie
in der Lage Ihre mit FrameWork II von Ashton Tate erstellten
Dokumente veröffentlichungsreif zu gestalten. Dabei können Sie
Text und Grafik auf einer Seite zusammenfügen und ausdrucken. Ein
Beispiel dafür sehen Sie in diesem Memorandum.

Vergleichen Sie hierzu bitte unsere Gegenüberstellung der
Arbeitszeiten im Desktop Publishing Verfahren und im
traditionellen Fotosatzverfahren.

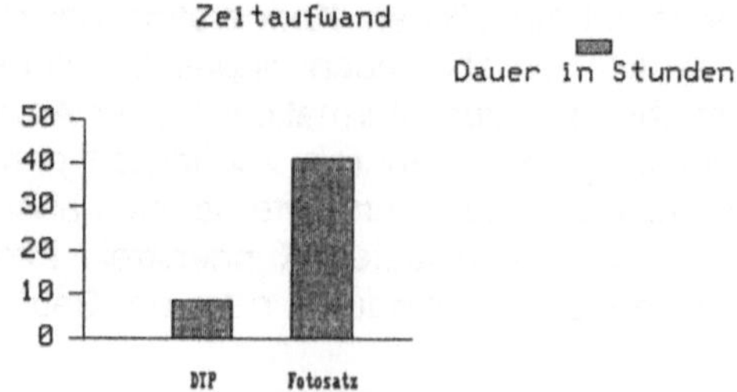

Die Grafik zeigt den Zeitaufwand für die Erstellung eines
monatlich erscheinenden 16seitigen Dokumentes in traditionellem
Fotosatz und mit Desktop Publishing.

Abb. 33   Seite eines mit FrameWork erstellten Memorandums.

HP LaserJet ein optimales Ausgabemedium für mit FrameWork erstellte gemischte Dokumente ist, die sich aus Text und Grafik zusammensetzen.

Verwendete Software. FrameWork II mit den Modulen Tabellen, Grafik, Textverarbeitung.

Arbeitsorganisation. Das Gerüst des Memorandums wird in FrameWork als Makro abgespeichert und kann jederzeit schnellstens aufgerufen werden, wenn ein Memorandum zu schreiben ist. Das Memorandum wurde mit verschachtelten Frames erstellt. In einen Containerframe wurde ein Textframe, ein Grafikframe und nochmals ein Textframe plaziert. Die Daten zur Erstellung der Grafik mit der FrameWork-Grafikfunktion wurden aus einer FrameWork-Tabelle übernommen. [*)]

Vorgehensweise:

1. **Laden Sie FrameWork II, rufen Sie ein Container-Frame auf und laden Sie das Makro zur Erstellung eines Memorandums in den ersten Frame der zweiten Ebene.**

2. **Füllen Sie den Kopf des Memorandums aus, und schreiben Sie den ersten Teil des Textes.**

3. **Wählen Sie in einer Tabelle, die Vergleichsdaten zu Desktop Publishing und Fotosatz enthält, die Datenfelder für Zeitaufwand DTP und Zeitaufwand Fotosatz an.**

4. **Lassen Sie FrameWork aufgrund der angewählten Datenfeldern eine Grafik in den zweiten Frame der zweiten Ebene des Containerframes zeichnen.**

5. **Schreiben Sie den Rest des Textes in den dritten Frame der zweiten Ebene.**

6. **Löschen Sie alle nicht benutzten Frames des Container-Frames.**

8. **Speichern Sie Ihr Dokument, und drucken Sie es mit dem HP Laser-Jet.**

---

*) Falls zum Ausdruck von FrameWork-Dokumenten Softfonts oder Schriftkassetten von Hewlett Packard verwendet werden sollen, muß die entsprechende Schrift über die Eingabe der PCL-Escape-Sequenzen aktiviert werden. FrameWork stellt dafür innerhalb des Befehlsmenüs Drucken die Befehle Anfangen mit Steuerzeichen und Beenden mit Steuerzeichen bereit. Innerhalb des Befehlsmenüs können Steuerzeichen festgelegt werden, die zu Anfang und zu Ende eines Frames an den Drucker geschickt werden sollen. Damit stehen in FrameWork jeweils auf einen Frame bezogen alle Formatierungsmöglichkeiten von PCL zur Verfügung.

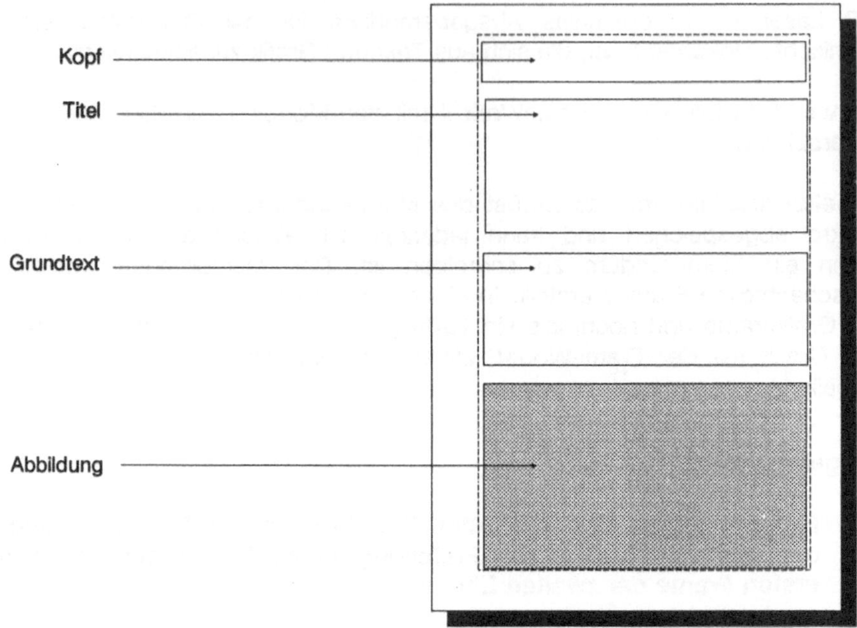

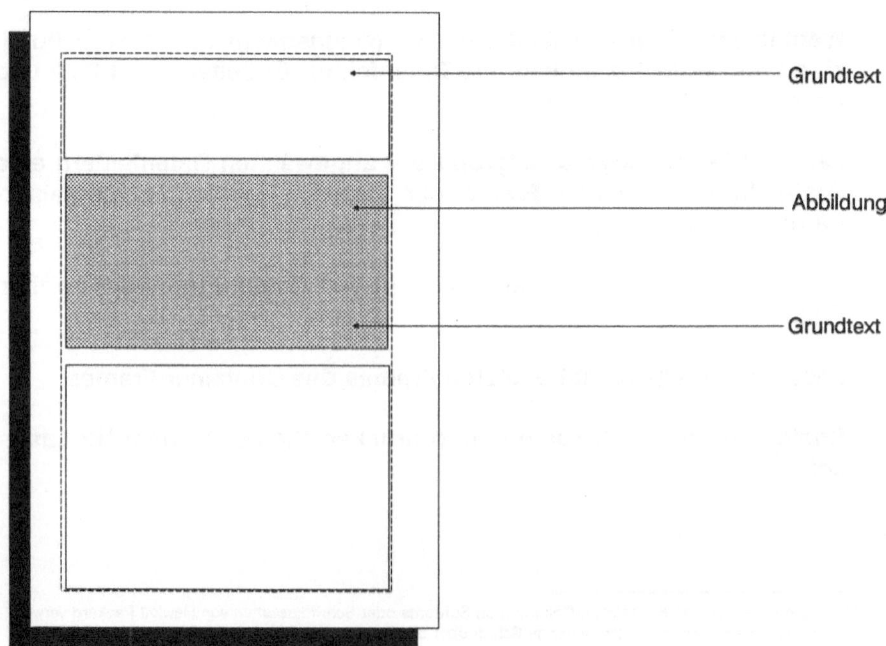

Abb. 34 Layoutskizze des Memorandums.

Memorandum

Datum: *31.12.87*

An: *Geschäftsleitung*

Von: *Bezirksverkaufsbüro Frankfurt*

Ablage unter: *Berichte*

Betrifft: *Monatsbericht Dezember 1987*

Sehr geehrte Damen und Herren,

wir übermitteln unseren Geschäftsbericht zum Monatsmitte.

1. Aus der unten stehenden Statistik entnehmen Sie bitte die Umsatzzahlen der Artikel 1 und 2 für das abgelaufene Geschäftsjahr bis einschließlich November 1987. Sie sehen, daß die Umsatzspitzen wie in jedem Jahr in den Monaten März und November lagen.

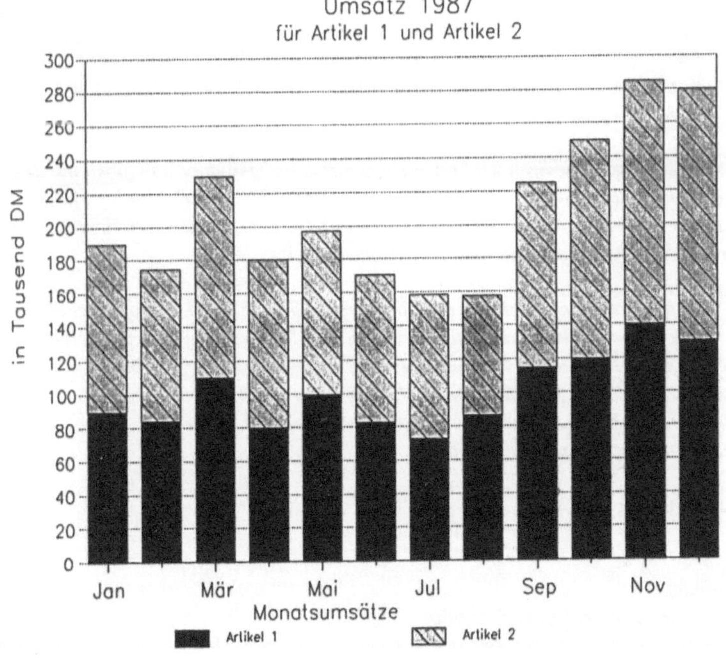

Abb. 35   Erste Seite eines Memorandums, erstellt mit Windows Write und Draw. Grafik aus Lotus 1-2-3.

Die Unterschiede der einzelnen Monatsumsätze waren jedoch nicht erheblich. Das Kreisdiagramm zeigt deutlich, daß bei Artikel 1 die Anteile der Monatsumsätze am Jahresumsatz nur geringen Schwankungen unterworfen waren.

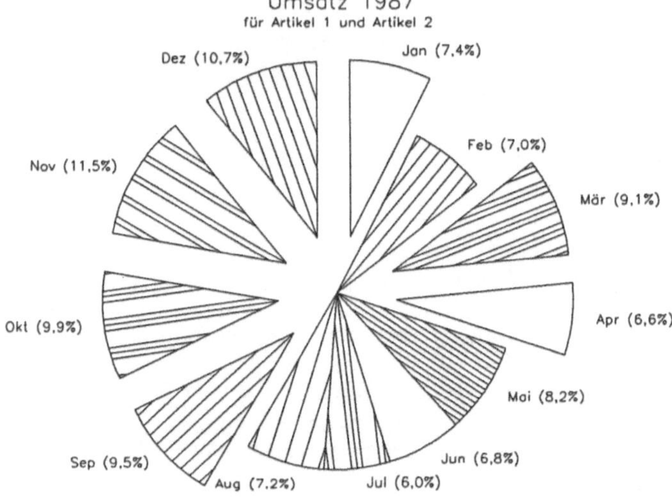

2. *Mit diesem Memorandum halten Sie eines der ersten Arbeitsergebnisse des uns mit Investitionsantrag vom Mai bewilligten neuen Desktop Publishing Systems in Händen.*

Wie Sie ja wissen, erledigen wir hier in Frankfurt alle Kalkulationsaufgaben mit dem Programm Lotus 1-2-3 von Lotus Software. Das neue Desktop Publishing System erlaubt es uns nun, die von Lotus 1-2-3 produzierten Daten direkt in Berichte, Verkaufsbroschüren und Memoranden zu übernehmen.

Wir arbeiten dabei unter der Benutzeroberfläche Windows mit den Programmen Windows Draw und Windows Write von Microsoft. Die Ausgabe besorgt ein Hewlett Packard LaserJet. Wie Sie sehen, sind wir in der Lage exzellente Ergebnisse zu produzieren. Mit unserem Desktop Publishing System sind wir wirklich sehr zufrieden. Sicher werden auch die Kunden den Fortschritt in der Unternehmenspräsentation honorieren.

Mit freundlichen Grüßen

Kaufmann
Leiter Bezirksgeschäftstelle Frankfurt

Abb. 36   Zweite Seite eines Memorandums, erstellt mit Windows Write und Draw. Grafik aus Lotus 1-2-3.

Memorandum - zweites Beispiel

Als zweites Beispiel zeigen wir Ihnen ein Memorandum, das das Bezirksverkaufsbüro Frankfurt eines Vertriebsunternehmens an seine Zentrale richtet. Gegenstand des Memorandums sind die Umsatzzahlen für zwei Artikel im Jahresverlauf. Durch eingestellte Business-Grafiken wird die Umsatzentwicklung für beide Artikel sowie die Verteilung des Jahresumsatzes für den ersten Artikel auf die einzelnen Monate anschaulich dargestellt. Da das Frankfurter Verkaufsbüro seine Umsatzstatistik mit dem Tabellenkalkulationsprogramm Lotus 1-2-3 von Lotus Software führt, müssen die Grafiken in Lotus 1-2-3 erstellt und von dort in Windows übernommen werden. Das zweite Thema des Memorandums ist das Desktop Publishing System, das die Geschäftsleitung dem Verkaufsbüro erst kürzlich bewilligt hat. Mit dem Memorandum legt das Bezirksverkaufsbüro eines der ersten Arbeitsergebnisse des neuen Systems vor, damit soll der Geschäftsleitung demonstriert werden, wie sinnvoll die neue Anschaffung in der Frankfurter Zweigstelle war (siehe Abb. 35 und 36).

Verwendete Software. Die Geschäftsgrafik wurde mit Lotus 1-2-3 erstellt und über Windows Draw in das Programm Windows Write übernommen. Das Beispiel wurde unter Verwendung von Microsoft Windows Draw und Windows Write erstellt. Für das Schriften-Handling wurde Outline eingesetzt.

Arbeitsorganisation. Die Grafiken werden aus Lotus 1-2-3 in Windows Draw übernommen. Dort werden sie grafisch und typografisch überarbeitet, da sie ohnehin auf dem Umweg über Draw in Write importiert werden mußten. Zusätzlich stehen in Draw einige Gestaltungsmöglichkeiten zur Verfügung. Die fertig überarbeiteten Grafiken werden in das Write-Dokument eingestellt. Die Überschrift wird aus Times fett, 18 Punkt gesetzt, der Grundtext aus Times normal, kursiv, 10 Punkt. Ihre Outline-Schriftlade-Datei Standard müssen Sie entsprechend modifizieren.

Vorgehensweise:

1. **Falls in Lotus 1-2-3 nicht bereits Grafiken vorliegen, erstellen Sie aus den dort vorhandenen Tabellen die benötigten Grafiken.**

2. **Legen Sie eine Kopie Ihrer Outline-Schriftlade-Datei Standard unter dem Namen Modif4 an. Laden Sie Outline mit dem Aufruf Coutline Modif4. Modifizieren Sie Ihre Outline-Schriftlade-Datei Standard. Als Zusatzschrift 2 wählen Sie bitte eine Times fett in 18 Punkt an. Da Outline-Schriften nicht benötigt werden, das Laden dieser Schriften aber sehr zeitaufwendig ist, sollten Sie diese Schriften aus der Tabelle löschen.**

3. **Laden Sie die benötigten Schriften mit der modifizierten Outline-Schriftlade-Datei.**

4. **Laden Sie die in Lotus 1-2-3 erstellten Grafiken in je eine Datei des Programms Microsoft Windows Draw. Modifizieren Sie die Grafiken durch Einlegen deutlicher hell- und dunkelgrauer Raster in das Balkendiagramm und durch Verändern der horizontalen Linien in punktierte Linien. Bringen Sie die Grafiken auf die für das Write-Dokument erforderliche Größe.**

5. **Legen Sie eine Write-Datei an. Erfassen Sie den Text des Memorandums.**

6. **Legen Sie nacheinander jeweils eine Kopie einer Grafik aus Draw in die Zwischenablage, und fügen Sie sie an der entspechenden Stelle in Ihr Write-Dokument ein.**

In diesem Fall ist eine Größenveränderung der Grafiken in Write nicht möglich, da es sich um Lotus-Grafiken handelt. Die Grafiken müssen daher zuvor in Draw auf die richtige Größe gebracht werden.

7. **Speichern Sie Ihr Memorandum, und drucken Sie es mit dem HP LaserJet aus.**

Broschüren und Infos

Broschüren und Infos werden in Unternehmungen und von öffentlichen Organisationen zu verschiedenen Themen veröffentlicht. Die Möglichkeiten der Layoutgestaltung für Broschüren und Infos sind sehr vielseitig. Broschüren können z.B. mit Deckblatt gestaltet werden. Sie können einseitig oder mehrseitig, von eher werblichem oder eher informativem Charakter sein, etc. Sie dienen der Vorstellung von Firmen, Organisationen, Produkten und Dienstleistungen.

Informationsbroschüre - erstes Beispiel

Als erstes Beispiel zeigen wir Ihnen eine Informationsbroschüre, die Produktinformationen enthält und zur Verkaufsunterstützung verwendet wird. Eine Verkaufsbroschüre dient der Vorstellung der wesentlichen Eigenschaften und Leistungen eines Produktes. Wie jede Broschüre dient sie der ersten Vorstellung des Gegenstandes und wird daher, um leicht verständlich zu sein und um Aufmerksamkeit zu erwecken, mehr oder weniger stark durch grafische Darstellungen oder Fotos illustriert. Wir zeigen Ihnen zwei Seiten aus einer Verkaufsbroschüre über die HP ScanJet-Familie, die wir unter Microsoft Windows mit Windows Write und Windows Draw erstellt haben. Bei unserer Beispielbroschüre handelt es sich um eine Seite mit einem Zwischentitel sowie um eine Seite auf der die zu HP ScanJet-Dateien kompatiblen Dateiformate von Grafik- und Layoutprogrammen vorgestellt werden. Alle Seiten der Broschüre verfügen über ein einheitliches Layout mit einem aus drei Linien be-

HP ScanJet-Familie

HP ScanJet

Die professionelle Ergänzung zum HP LaserJet

Abb. 37 Deckblatt einer Informationsbroschüre, erstellt mit Windows Write und Outline. Quelle: Text von HP.

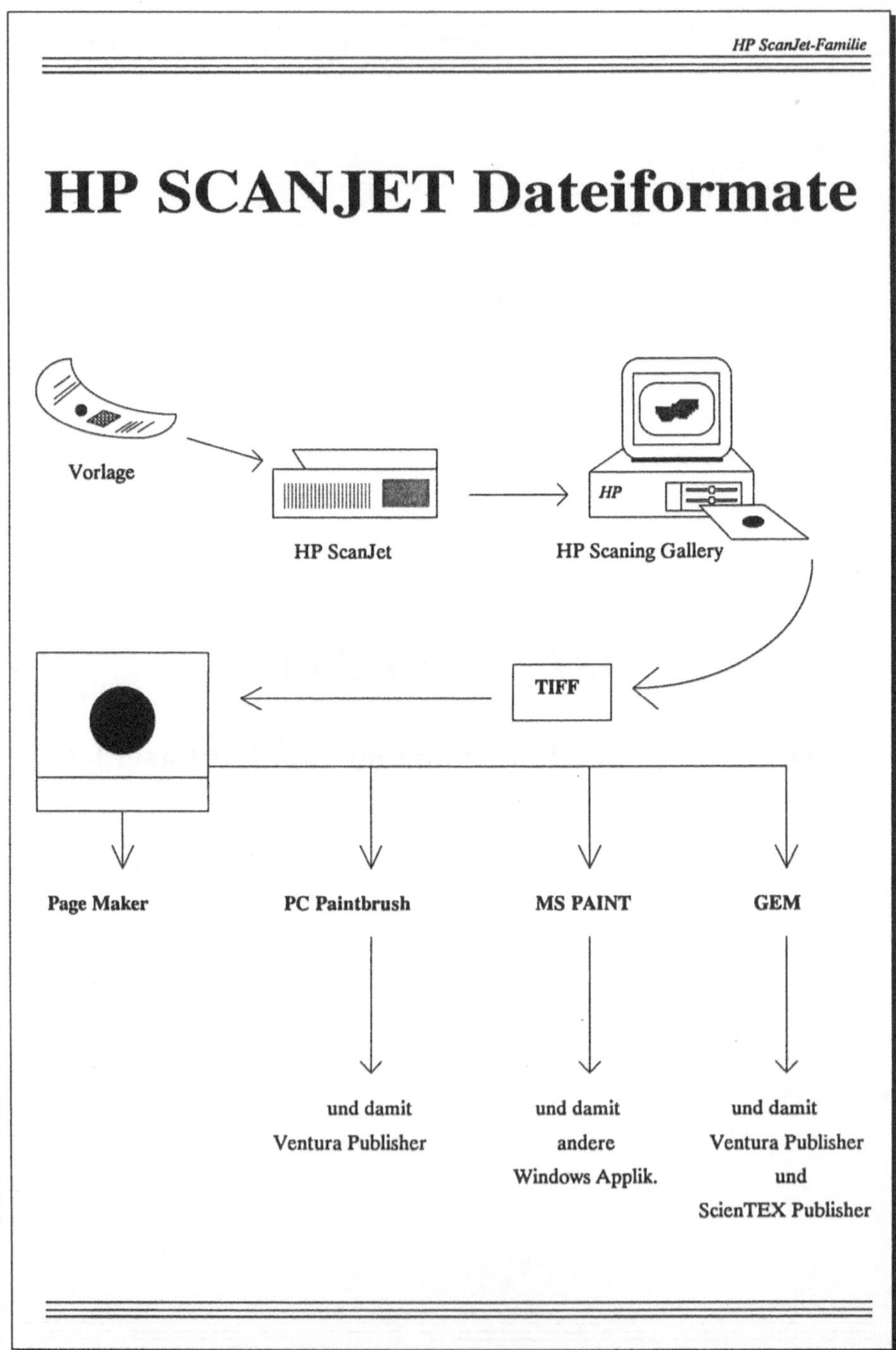

Abb. 38   Folgeseite der Informationsbroschüre.

stehenden Balken am Seitenkopf und Seitenfuß. Im Kolumnentitel wiederholt sich oberhalb des Balkens der Titel der Broschüre: "HP ScanJet-Familie".

Verwendete Software. Das Beispiel wurde mit Microsoft Windows Draw und Windows Write unter Verwendung eines Outline Druckertreibers erstellt. Als Schriften wurden HP Softfonts der Schriftfamilie Times eingesetzt. Die Schriften wurden teilweise mit dem Zuatzprogramm Outline modifiziert.

Arbeitsorganisation. Voraussetzung ist das Vorhandensein des entsprechenden mit Outline erstellten Druckertreibers sowie das Laden der Schriften in den HP LaserJet mit Hilfe des Programms Outline. Alle grafischen Bestandteile der Broschüre sind mit dem Programm Windows Draw zu erstellen. Zu den grafischen Bestandteilen gehören aufgrund der Linien auch Seitenkopf und Seitenfuß. Anschließend werden die Texte in Windows Write erfaßt. Von den Grafiken werden in Windows Draw Kopien erstellt, die in Windows Write plaziert werden. Windows erlaubt eine komfortable Arbeitsweise. Durch gleichzeitiges Vorhandensein beider Programme im Arbeitsspeicher kann ein schneller Wechsel zwischen Draw und Write stattfinden (Multitasking).

Vorgehensweise:

1. **Legen Sie eine Kopie Ihrer Outline-Schriftlade-Datei Standard unter dem Namen Modif5 an. Laden Sie Outline mit dem Programmaufruf Coutline Modif5, und modifizieren Sie die Datei. Geben Sie ein:**

    Zusatzschrift 2: Times 30 Punkt, fett, ohne Modifikation
    Zusatzschrift 3: Times 14 Punkt, fett, outline,
    Zusatzschrift 4: Times 18 Punkt, fett, ohne Modifikation.

2. **Öffnen Sie das Menü Datei, Drucker wechseln. Wählen Sie den HP LaserJet als aktiven Drucker an. Durch zweimaliges Anklicken des Namens HP LaserJet öffnen Sie das Menü Druckoptionen. Hier geben Sie ein:**

    Format: Hochformat,
    Papierformat: A4,
    Schriftart: keine
    Auflösung: 300 dpi.

3. **Bestimmen Sie den gewünschten Seitenaufbau durch Angabe der Ränder im Menü Seitenlayout. Geben Sie ein:**

    Ränder: Links 3,17, Rechts 3, 17, Oben 2,54, Unten 2,54

4. **Gestalten Sie Seitenkopf und Seitenfuß sowie die Grafik in Microsoft Windows Draw. In Draw fügen Sie auch die in der Grafik stehenden Texte hinzu. Hierfür benötigen Sie Standardschrift und Zusatzschrift 3.**

5. **Erfassen Sie die Texte in Microsoft Windows Write. In unserem Beispiel sind die folgenden Texte in Write zu erfassen:**

   HP ScanJet (Zusatzschrift 2: Times fett, 30 Punkt).
   Die professionelle Ergänzung zum HP LaserJet (Zusatzschrift 4: Times fett, 18 Punkt).
   HP ScanJet Dateiformate (Times fett, 30 Punkt).

6. **Öffnen Sie parallel zur Gestaltung der Seiten in Write das Programm Draw in einem zweiten Windows-Fenster. Kopieren Sie die benögten Grafikelemente aus Draw in die Zwischenablage, und setzen Sie sie in Write mit dem Befehl Einfügen ein.**

7. **Führen Sie einen Seitenumbruch durch, und legen Sie die Umbruchposition so fest, daß das gewünschte Seitenlayout entsteht. Die Position von Seitenkopf und Seitenfuß legen Sie durch Einfügen von Leerzeilen fest.**

8. **Speichern Sie Ihr Dokument, und drucken Sie es mit dem HP LaserJet aus.**

Informationsbroschüre - zweites Beispiel

Als zweites Beispiel zeigen wir Ihnen einen Auszug aus einer einmalig erscheinenden Informationsbroschüre zum Kommunikationssystem der Bundespost. Unsere Textquelle ist die Broschüre "Neue Wege für mehr Information, Einführung in die Technik der neuen Medien.[*)] Die Broschüre enthält verschiedene Beiträge, die wiederum untergliedert sind.

Verwendete Software. Windows Write, Windows Draw und Outline

Arbeitsorganisation. Die grafischen Elemente der Publikation werden in Windows Draw erstellt. Zu diesen gehört in unserem Beispiel die Abbildung auf der zweiten Seite sowie die beiden schraffierten Balken im Titel der ersten Seite. Die grafischen Elemente werden aus Draw in die Zwischenablage gestellt und in Write plaziert, wo auch der Text erfaßt und gestaltet wird.

[*)] Siehe: Neue Wege für mehr Information, Einführung in die Technik der neuen Medien, Hrsg. Universum Verlagsanstalt in Zusammenarbeit mit dem Bundesministerium für das Post- und Fernmeldewesen., Wiesbaden 1985

Vorgehensweise:

1. **Kopieren Sie Ihre Outline-Schriftlade-Datei, und vergeben Sie für die Kopie den Namen Modif 5. Laden Sie Outline mit dem Programmaufruf Coutline modif5.**

2. **Verändern Sie die Tabelle wie folgt:**
    Zusatzschrift 3: Times 24 Punkt fett.

3. **Zusatzschrift 3 definieren Sie als Schattenschrift. Führen Sie hierzu den Cursor auf die Position Fett in der Zeile Zusatzschrift 3, und drücken Sie die Taste INS. Es erscheint das Schriftmodifikationsmenü. Geben Sie ein:**

    Schriftstil: Outline, Tief: 45 %, Tiefeneffekt: 3D, Tiefenfarbe: 60 % grau, Breite: 105 %, Scherwinkel: 0.

5. **Mit INS verlassen Sie das Schriftmodifikationsmenü. Beenden Sie Outline mit der Taste End, laden Sie die Schriften und lassen Sie einen Probedruck ausgeben.**

6. **In Windows Write wählen Sie das Befehlsmenü Datei, Dialogfenster Drucker wechseln an und geben ein:**

    HP LaserJet

7. **Durch zweimaliges Anklicken des Druckernamens öffnen Sie ein weiteres Menü und geben ein:**

    Papierformat A4, Anordung hoch, Schriftart keine, sowie weitere Druckereinstellungen.

8. **Im Befehlsmenü Text, Dialogfenster Seitenlayout geben Sie ein:**

    Ränder Links: 3,17, Rechts: 2,17, Oben: 2,54 und Unten 2,54 cm.

9. **Plazieren Sie die beiden Balken für den Haupttitel und erfassen Sie den Text des Haupttitels.**

    Formatieren Sie den Haupttitel mit Times, fett, 24 Punkt.

    Diese Schrift ist zu einer Schattenschrift modifiziert.

10. **Erfassen Sie Text und weitere Überschriften.**

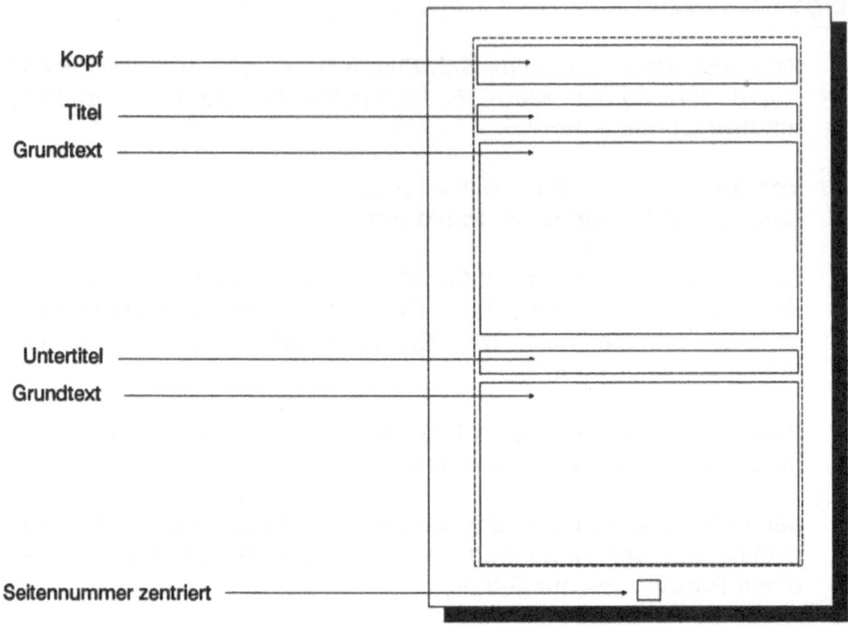

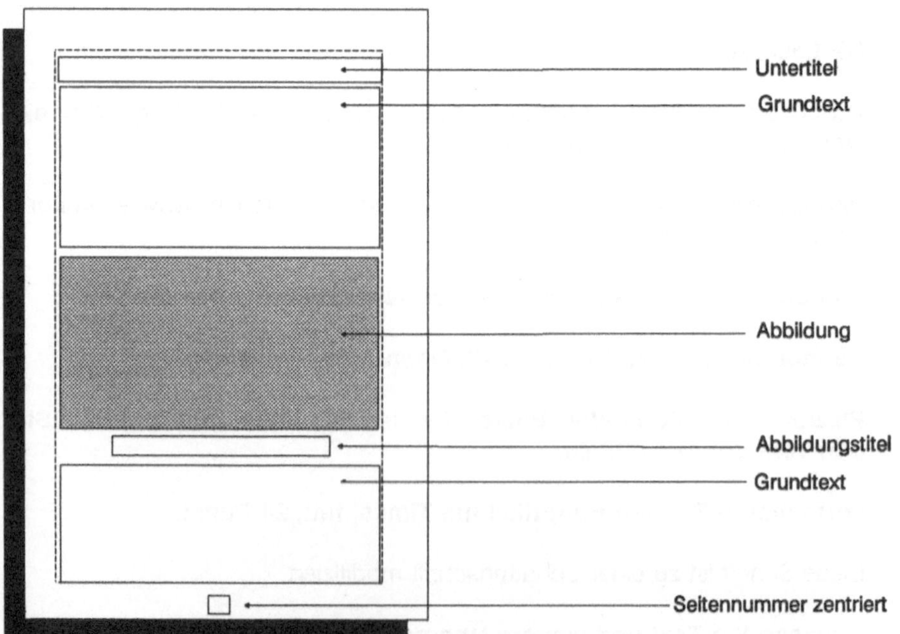

Abb. 39   Layout-Skizze einer Informationsbroschüre.

1 Übertragungswege und Netze

Wie das Straßen- und das Schienennetz sind die Fernmeldenetze wegen ihrer großen Bedeutung für Wirtschaft und Gesellschaft wichtige Teile in der Infrastruktur eines jeden Landes. (Infrastruktur: aus dem lat. für "Unterbau").
In der Bundesrepublik ist es Aufgabe der Bundespost, gut funktionierende, leistungsfähige Kommunikationswege bereitzustellen und bedarfsgerecht dem Fortschritt der Technik entsprechend auszubauen und weiterzuentwickeln. (§ 1 Postverwaltungsgesetz)
Fernmeldenetze sind durch drei Systembestandteile gekennzeichnet:

- die *Übertragungswege*, z. B. Kabel- oder Richtfunkstrecken
- die *übertragungs- und vermittlungstechnischen Einrichtungen*, z. B. Verstärker und Wähleinrichtungen
- die *Endgeräte*, z. B. Telefon, Fernkopierer, Fernsehgerät

Übertragungsweg, technische Einrichtung und Endgerät bilden eine Fernmeldeanlage. Öffentliche, d.h. von jedermann frei benutzbare Fernmeldeanlagen werden ausschließlich von der Post errichtet und betrieben (Fernmeldeanlagengesetz). Die Post trägt damit die Gesamtverantwortung für eine leistungsfähige Telekommunikations-Infrastruktur und ihr reibungsloses Funktionieren.
Bedingt durch die unterschiedlichen technischen Anforderungen, z. B. hinsichtlich der Brandbreite und durch die historische Entwicklung, gibt es heute getrennte Netze für verschiedene Kommunikationsformen:

1.1   Das Fernsprechnetz

Das bei weitem größte und dichteste Netz ist das Fernsprechnetz mit rund rund 25 Mio Teilnehmern. Der Versorgungsgrad der Privathaushalte liegt bei über 80% und wächst von Jahr zu Jahr, so daß sich eine Vollversorgung abzuzeichnen beginnt. Mit weiteren 8 Mio Telefonen an Nebenstellenanlagen, 160 000 Münzfernsprechern und 25 000 Autotelefonen ist das Fernsprechnetz das Rückgerät einer gut ausgebauten Kommunikations-Infrastruktur.
Das Fernsprechnetz ist ein schmalbandiges, heute noch weitgehend analoges, Vermittlungsnetz. Es ermöglicht die individuelle Verbindung zwischen den Teilnehmern. Die vermittlungstechnischen Einrichtungen im Amt werden von der Wählscheibe bzw. Tastatur des Telefonapparates gesteuert und sorgen für den Aufbau der Verbindung.

Das Fernsprechnetz besteht aus Orts- und Fernnetz. Das Ortsnetz hat die Struktur eines *"Sternnetzes"*. Denn nur in einem Sternnetz, bei dem jeder Teilnehmer *mit einer eigenen nur von ihm benutzten Anschlußleitung* mit der Vermittlungsstelle verbunden ist, können die Teilnehmer Verbindungen individuell wählen. Die Vermittlungsstellen sind untereinander über dicke Leistungsbündel verbunden.

Das erdumspannende Fernsprechnetz mit mehr als 550 Mio Teilnehmern wird auch oft als der "größte Automat der Welt" bezeichnet. Ein echtes Problem der modernen Menschheit ist, daß knapp zehn führende Industrieländer über drei Viertel aller Anschlüsse verfügen. Dies stellt eine Entwicklungsaufgabe und sogar -pflicht für die Industrienationen dar.

1

Abb. 40   Rechte Seite einer Informationsbroschüre, erteilt mit Windows Write, Draw und Outline. Quelle: Text und Bild aus Einführung in die Technik der Neuen Medien, Universum Verlagsanstalt, Wiesbaden 1985.

5.2   Die Texte -und Datennetze

Die wichtigsten Text- und Datennetze der DBP sind das *Telexnetz* (Fernschreibnetz) mit 160 000 Teilnehmern, die *Datex-Netze Datex-L* mit etwa 12 000 Teilnehmern und Datex-P mit etwa 6000 Teilnehmern. Sie werden fast ausschließlich für den geschäftlichen Bereich genutzt. Die Datex-Netze sind
Spezialnetze für die Übermittlung von Daten von Rechner zu Rechner oder zwischen abgesetzten Daten-
endgeräten (Terminals) und zentralen Rechnern. Es handelt sich bei diesen Netzen um schmalbandige,
digitale Vermittlungsnetze.

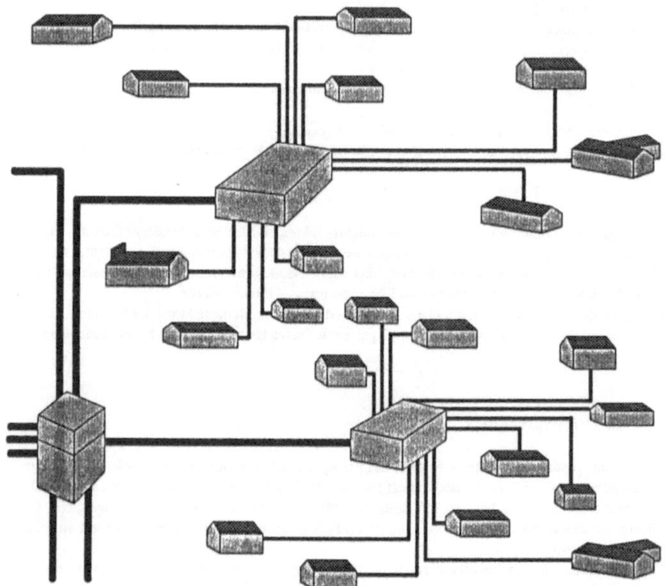

Vermittlungsnetz (Fernsprechwählnetz) in Sternstruktur

5.3   Rundfunksendernetze

Rundfunk ist nach international gültigem Veständnis ein Funkdienst, dessen Aussendungen für den
unmittelbaren Empfang durch die Allgemeinheit bestimmt sind. Man unterscheidet Ton und
Fernsehrundfunk. Da sich Funkwellen ohne Rücksicht auf Staatsgrenzen ausbreiten, werden die
Sendefrequenzen in internationalen Wellenkonferenzen verhandelt und festgelegt.
Das naturgegebene Frequenzspektrum, das für die drahtlose Übertragung von Signalen zur Verfügung
steht, ist physikalisch begrenzt. Ähnlich wie Grund und Boden ist dieses Gut nicht vermehrbar. Je
breitbandiger die Signale sind, um so weniger Sendefrequenzen können untergebracht werden.

2

Abb. 41   Linke Seite der Informationsbroschüre.

11. **Den Grundtext setzen Sie linksbündig aus Times 10 Punkt, normal mit Zeilenabstand einzeilig, die zweite Überschrift linksbündig aus Times 12 Punkt, fett.**

12. **Vor einer zweiten Überschriften geben Sie zwei Leerzeilen Abstand, nach einer zweiten Überschrift eine Leerzeile.**

13. **Die Abbildung erzeugen Sie in Draw und passen Sie in der Größe auch dort an, da die Größenveränderung von Abbildungen in Write wesentlich umständlicher ist.**

14. **Plazieren Sie die Abbildung.**

15. **Den Abbildungstitel setzen in Times Roman 8 Punkt, kursiv.**

16. **Den Text der eingezogenen Absätze und den Text der zweiten Überschriften positionieren Sie mit Tabulatoren. Diese gelten in Write grundsätzlich für das gesamte Dokument.**

17. **Setzen Sie den Tabulator für den Text der eingezogenen Absätze mit Absatzmerkpunkt auf Position 0,5 cm.**

18. **Setzen Sie den Tabulator für den Text der ersten Überschrift auf Position 1,5 cm.**

19. **Speichern Sie das Dokument und drucken Sie es mit dem HP LaserJet aus.**

Freie Layoutgestaltung
Anwendungsstufe 3

Hardware und Software:

HP ScanJet
HP LaserJet
PC
Windows, PageMaker
Ventura Publisher

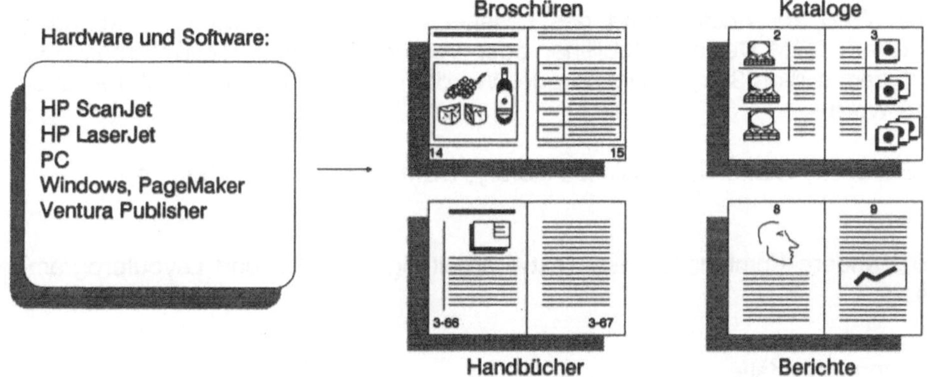

Leistungsmerkmale:

Auf dieser Leistungsstufe stellen wir Dokumente mit komplexen ein-, zwei-
oder mehrspaltigen Layouts vor, die sich aus Text, Freihandgrafiken und gescannten Abbildungen zusammensetzen können. Neben Layout-/Umbruch-,
Textverarbeitungs- und Grafiksoftware kommt daher auch der HP ScanJet zur
Anwendung.

Hardware-Konfiguration:

HP Vectra oder anderer AT-komptibler Personalcomputer mit Hercules- oder
EGA-Grafikkarte und 20 MB Festplatte.

HP LaserJet mit HP Softfonts Times und Helvetica in Schriftgrößen von 6 bis
30 Punkt.

HP ScanJet sowie entsprechendes Board für die HP Vectra und Software HP
Scanning Gallery.

Software-Konfiguration

MS Windows-Benutzeroberfläche, Layout- und Umbruchsoftware Aldus Page-
Maker, Textverarbeitungsprogramm MS Word, Windows Draw, AutoCad
HP Drawing Gallery, HP Charting Gallery

Alternativ dazu:

GEM-Benutzeroberfläche (ab Version 2.2 mit GEM Device Driver Pack 5 Version 2.2U zur Ansteuerung des Laserjet Series II), Layout- und Umbruchsoftware GEM Desktop Publisher oder Ventura Publisher, Textverarbeitungsprogramm WordStar, MultiMate oder WordPerfect (mit Ventura Publisher auch
MS Word),

GEM Draw, GEM Draw Business Library, GEM Word Chart, GEM Graph

oder

eine andere Kombination aus Textverarbeitungs-, Grafik- und Layoutprogrammen.

Anwendungsfälle

Ein- oder mehrspaltiger Text mit Layouts mittleren bis hohen Schwierigkeits-
grades, der evtl. durch frei gezeichnete Grafiken oder Diagramme (Kreis-,
Balken- und Liniendiagramme sowie Landkarten) und durch eingescannte
Fotografien oder Logos illustriert werden muß.

Also: Typografisch anspruchsvolle oder komplexe Newsletter (Neuheiten-
Reports, Presseinformationen, Vereins- und Club-Infos, Vertriebsmitteilungen,
Produktinfos, etc.),
Werbebroschüren (Prospekte, Kataloge, Angebote, Präsentationen, etc.),
Hauszeitschriften (typografisch anspruchsvollere oder in der Gestaltung kom-
plexe Firmenzeitschriften für Verbreitung in Kundenkreisen),
Bücher (technische Berichte, Anwender-Handbücher, technisch-wissenschaft-
liche Bücher),
typografisch anspruchsvolle Charts (Management-Charts, Präsentations-
Charts, Kurs-Charts, etc.).

Ein Newsletter

Ein Newsletter wird als regelmäßig erscheinendes Informationsmedium immer
eine starke Tendenz zu Formalisierung und Standardisierung aufweisen. Denn
bei einem Newsletter steht im Unterschied zur Publikumszeitschrift die
sachlich informative Seite gegenüber dem feuilletonistischen Element im Vordergrund. Der Newsletter liefert sehr aktuelle und fachspezifische Informationen zu einem ganz bestimmten Thema (branchenbezogene Informationen,

Produkte für bestimmte Anwendungsgebiete, etc). oder aus einem ganz spezifischen sozialen Umfeld (Vereinstätigkeit, Aktivitäten eines Industrieunternehmens etc.). Er wendet sich an einen kleineren Leserkreis und erscheint häufiger als ein Fachmagazin.

Das Beispiel. Wir zeigen Ihnen als Beispiel für einen stark standardisierten Newsletter ein monatlich erscheinendes Organ eines Fernlehrinstitutes. Das Organ dient der Kommunikation der Lehrkräfte mit ihren Studenten. Änderungen im Lehrgangsangebot und aktuelle kursbezogene Informationen bilden den wesentlichen Inhalt. Es handelt sich um die Informationen zum Studienjahr der Fernuniversität/Gesamthochschule Hagen. Unser Beispiel folgt dem Titelblatt und der ersten Seite aus INFO Nr. 10 vom 27.01.1987. Der Newsletter gliedert sich in Kursänderungen, fachbereichsspezifische Rubriken, Stellenausschreibungen und Anhänge. Die meisten Informationen werden nach einem einheitlichen Schema präsentiert. Daher liegt es nahe, alle Abschnitte mit Standardformaten zu formatieren, so daß sich die neben der Texterfassung zu leistende Produktionsarbeit für den Newsletter auf ein Minimum reduziert.

Die Software. Wir entscheiden uns in diesem Fall für die Kombination aus WordStar und Ventura Publisher. Falls Grafiken benötigt würden, könnten diese aus GEM-Draw oder GEM-Graph eingestellt werden. Ventura Publisher erlaubt es, alle Bestandteile unserer Mitteilungsseiten über vordefinierte Absatzformate automatisch zu formatieren. Die Kommandos zum Aufruf dieser Absatzformate werden bereits bei der Erfassung des Textes in einem Textverarbeitungsprogramm mit eingegeben. Das Textverarbeitungsprogramm muß die Erstellung von Textbausteinen erlauben. Außerdem muß die Tastaturbelegung dieses Programms das Zeichen "Klammeraffe" enthalten, das zum Aufruf von Ventura-Absatzformaten benötigt wird. WordStar erfüllt beide Anforderungen.

Die Arbeitsorganisation. Die Aufrufe der Absatzformate und alle stets wiederkehrenden Texte werden als WordStar-Textbaustein gespeichert. Für die Mitteilungsseiten des INFOS werden 6 Absatzformate benötigt. Beim Erfassen einer Mitteilung wird jeweils der Textbaustein mit den entsprechenden Absatzformaten und stets wiederkehrenden Textelementen aufgerufen. Die Bestandteile der Mitteilung werden in die durch den Textbaustein vorgesehenen Felder eingetragen. Bei der Erstellung der druckfertigen Vorlage des Newsletters sind jeden Monat lediglich die Textdateien aus den einzelnen Fachbereichen auf magnetischem Datenträger oder über Datenfernübertragung abzurufen. Die vor dem Ausdruck zu leistende Formatierungsarbeit reduziert sich auf ein Minimum.

Arbeitsvorbereitung. Im Zuge der Arbeitsvorbereitung sind drei Dinge zu erledigen: Das Anlegen eines Textbausteines in WordStar; Anlegen einer WordStar-Datei für den ersten Newsletter; Anlegen der entsprechenden Formate in Ventura Publisher.

FERNUNIVERSITÄT   **Informationen
zum Studienjahr 1986/87
INFO Nr. 10
vom 27.1.1987**

INHALTSÜBERSICHT   SEITE

FACHBEREICH MATHEMATIK UND INFORMATIK

Studientage über Analysis   2
Kursangebot Informatik im SS 1987   2

FACHBEREICH ERZIEHUNGS-
UND SOZIALWISSENSCHAFTEN

Präsenzveranstaltung des LG
Soziologie/Soziologie der Erziehung   2
Klausurrelevante Kurse für das
Hauptstudium im Nebenfach Philosophie   3

FACHBEREICH WIRTSCHAFTSWISSENSCHAFT

Klausuren "Allgemeine BWL I und
Allgemeine BWL II"   3
Kursbetreuung   3
Volkswirtschaftliches Wochenendseminar
von Prof. Dr. V. Arnold im SS 1987   4
Volkswirtschaftliches Seminar von Prof. Dr.
F. Breyer und AOR Dr. P. Clever   6

FACHBEREICH ELEKTROTECHNIK

Übungsveranstaltungen   8

FACHBEREICH RECHTSWISSENSCHAFT

Leistungsnachweis für "Didaktik des
Rechtskundeunterrichts"   8

MITTEILUNGEN DER FERNSTUDENTENVEREINE E.V.

Fahrgemeinschaften zu Klausuren im Saar-
land und Umgebung   9

STELLENAUSCHREIBUNG

Studentische Hilfskraft am LG Allg. u. theor.
Elektrotechnik, Iserlohn   9

ANHANG

FACHBEREICH MATHEMATIK UND INFORMATIK

FACHBEREICH WIRTSCHAFTSWISSENSCHAFT

00 216 011   **0001-2-10-R1**

Abb. 42a Rechte Seite eines Newsletters. Quelle: FernUniversität.

2

FACHBEREICH MATHEMATIK UND INFORMATIK

> Studientage über Analysis

> Teilnehmer des Kurses 11 32
> ANALYSIS I imWS 1986/87
> oder früher

Auskunft: Prof. Dr. Beekmann / Dr. Rosen
Tel: 02331/ 804-2440 bzw. 804-2618

Zum Kurs Analysis I finden am 21. und 22. Februar 1987 im Studienzentrum Neuß (Sternstr. 62, 4040 Neuß) Studientage statt, die wichtigen Themen des Kurses (wie Konvergenz- und Grenzwertbegriffe, stetige und differenzierbare Funktionen, Integral) gewidmet sind. Die diesjährigen Kursteilnehmer wurden bereits informiert. Die Studientage stehen auch Studentinnen und Studenten offen, die den Kurs in früheren Studienjahren belegt haben. Nähere Informationen können im Lehrgebiet Analysis angefordert werden.

> Kursangebot Informatik im
> SS 1987

> An die Beleger des Kurses
> 1704 im SS 1987

Auskunft: Prof.Dr.E. Bertsch
Tel.:   02331/ 804-2726

Der Kurs 1704 "Einführung in die Rechnerarchitektur" wird im SS 1987 von Prof. Dr. E. Bertsch und Mitarbeiter betreut. Das Kursmaterial besteht aus einem Basistext von Prof. Dr.J. Hayes und einem Leitprogramm von Prof. Dr.W. Schneeweiß.

Während das Leitprogramm von der Fernuniversität versandt wird, sollte der Basistext von der Belegern selbst über den Buchhandel erworben werden.
Es handelt sich um das Buch
J.Hayes: Computer Architecture und Organisation. New York: McGraw-Hill (1987).
Über alle Einzelheiten zum Übungs- und Prüfungsablauf wird später informiert.

FACHBEREICH ERZIEHUNGS- UND
SOZIALWISSENSCHAFTEN

> Präzenzveranstaltung des
> Lehrgebietes Soziologie/
> Soziologie der Erziehung

> An alle Studenten des
> Magisterstudienganges/
> Haupt- und Nebenfach
> Sozialwissenschaften

Auskunft: Herr Dr. Hans Werner Klusemann
Tel.:   02331/ 802141 und 804-2142

Zur Vorbereitung auf die Zwischenprüfung im Magister-Studiengang mit Haupt- und Nebenfach Sozialwissenschaften bietet das Lehrgebiet Soziologie/Soziologie der Erziehung eine Präsenzveranstaltung an.
Dir Veranstaltung beginnt am 13.2.87, 18.00 Uhr und endet am 14.2.87, 13.00 Uhr.
Veranstaltungsort: AVZ III der Fernüniversität Raum B 118.
Inhaltlich soll neben allgemeinen Fragen der Prüfungsvorbereitung ein mögliches Klausursthema bzw. ein sog. Schwerpunktthema für die mündliche Prüfung erarbeitet werden.
Mit den Lehrgebieten der Politikwissenschaft ist abgesprochen worden, daß deren gleichzeitig am 14.2.87 stattfindende Präzenzveranstaltung so koordiniert wird, daß Interessenten an den Veranstaltungen der Lehrgebieten der Politikwissenschaft und des

Abb. 42b Linke Seite des Newsletters.

Vorgehensweise:

1. **Erfassen Sie einen Textbaustein unter dem Namen Kursinfo mit dem folgenden Inhalt in WordStar:**

```
.@Beadr =  . . . . . . . .hier im Überschreibmodus das Thema eintragen ! ! ! . . . . . . . . . .
. . . . . . . . . . . . . . . . . . . . . . . . . . . . . . . . . . . . . . . . . . . . . . . . . . . . . . . . . . . . . . . . . . . . .
. . . . . . . . . . . . . . . . . . . . . . . . . . . . . . . . . . . . . . . . . . . . . . . . . . . . . . . . . . . . . . . . . . . . .
@Beadr =  . . . . . . . . . . . . . . . hier Zielgruppe eintragen ! ! ! . . . . . . . . . . . . . . . . . . .
. . . . . . . . . . . . . . . . . . . . . . . . . . . . . . . . . . . . . . . . . . . . . . . . . . . . . . . . . . . . . . . . . . . . .
@A-1 = Auskunft =
@Auskft = . . . . . . . .hier den Namen der Auskunfterteilenden eintragen ! ! ! . . . . . . . . . .
. . . . . . . . . . . . . . . . . . . . . . . . . . . . . . . . . . . . . . . . . . . . . . . . . . . . . . . . . . . . . . . . . . . . .
. . . . . . . . . . . . . . . . . . . . . . . . . . . . . . . . . . . . . . . . . . . . . . . . . . . . . . . . . . . . . . . . . . . . .
@A-1 = Telef.:
@Telef =  . . . . . . . . . . . . . . . . . . . hier Telefon ! ! ! . . . . . . . . . . . . . . . . . . . . . . . .
@Info =  . . . . . . . . . . . . . . . nun folgt der Text Ihres Infos ! ! ! . . . . . . . . . . . . . . . . .
. . . . . . . . . . . . . . . . . . . . . . . . . . . . . . . . . . . . . . . . . . . . . . . . . . . . . . . . . . . . . . . . . . . . .
. . Vergessen Sie nicht, alle nicht überschriebenen Pünktchen zu löschen ! ! ! . . . . . . . . .
```

Abb. 43 WordStar Textbaustein für Info-Text.

2. **Rufen Sie den Textbaustein auf, und erfassen Sie den Text einer beliebigen gestalterisch repräsentativen Kursmitteilung in WordStar.**

   Dabei wird an den entsprechenden mit (. . .) markierten Stellen im Überschreibmodus der Text eingesetzt. Überflüssiger, mit (. . .) markierter Raum, muß gelöscht werden.

3. **Öffnen Sie eine Kapiteldatei in Ventura Publisher.**

4. **Erstellen Sie eine Titelseite und die dafür erforderlichen Absatzformate.**

5. **Nehmen Sie nun die grundlegenden Layoutfestlegungen vor:**

   Diese sind: Papierformat, Größe des Satzspiegels, Kopfzeile, Paginierung, Spaltenaufteilung

6. **Speichern Sie Kapiteldatei und Layoutdatei unter den Namen info.CHP bzw. info.STY.**

7. **Rufen Sie die Textdatei in die erstellte Kapiteldatei des Ventura Publisher.**

8. **Erstellen Sie nun die 6 zur Formatierung benötigten Absatzformate**

Gehen Sie dazu wie folgt vor:

Erstellen Sie 6 neue Formate, und vergeben Sie dafür die Namen: Titel, BeAdr, A-1, Auskft, Telf und Info.

Definieren Sie den jeweiligen Textbestandteil, und ordnen Sie das jeweilige Format zu.

Zunächst haben alle Formate die Attribute des Ventura Publisher- Standardformats Body Text.

Ordnen Sie jedem Format die gewünschten Attribute zu.

Die anzupassenden Attribute der 6 Absatzformate sind:

Titel: Schriftart und -größe, Ausrichtung, Linie oben, unten, Zwischenraum,
BeAdr: Schriftart und -größe, Ausrichtung, Umrandung, Zwischenraum,
A-1: Schriftart und -größe, Ausrichtung, Umbruch,
Auskft: Schriftart und -größe, Umbruch, Abstand,
Telf: Schriftart und -größe, Umbruch, Linie unten, Abstand,
Info: Schriftart und -größe, Ausrichtung.

9. **Löschen Sie anschließend die geladene Textdatei, und speichern Sie die Kapiteldatei und das Layout erneut unter den alten Namen.**

10. **Mit dem MS-DOS-Befehl attrib +R definieren Sie die Dateien info.CHP und info.STY sowie die Datei Ihres Textbausteins in WordStar als Read Only Dateien.**

Mit attrib +R bearbeitete Dateien können nur gelesen, aber nicht überschrieben werden. Immer, wenn Sie nun einen Newsletter zu erstellen haben, rufen sie die Datei info auf, laden Ihre Texte und speichern die Datei unter der jeweiligen Infokennung ab, z. B. info-87/10, info-87/11, etc. Durch den Schreibschutz ist sichergestellt, daß Sie nicht versehentlich Ihre Musterdatei überschreiben und dadurch zerstören.

Erstellung eines Infos. Bei der Erstellung des Infos werden nun in zwei Arbeitsphasen die zuvor angelegten Dateien und Formate benutzt. Die Infotexte werden auf Abteilungsebene in einer WordStar-Datei erfaßt. Dabei kommt der erstellte Textbaustein zur Anwendung. Die erfaßten Textdateien werden abteilungsübergreifend in Ventura Publisher-Kapiteldateien geladen und formatiert.

Vorgehensweise:

1. **Alle Info-Texte eines Fachbereiches werden in einer WordStar-Datei gespeichert. Öffnen Sie diese Datei.**

.@Beadr= Sudientage über Analysis
@Beadr= Teilnehmer des Kurses 11 32 ANALYSIS im WS 1986/87 oder früher
@A-1 = Auskunft:
@Auskft= Prof. Dr. Beekmann / Dr. Rosen
@A-1 = Telef.:
@Telef= 02331/ 804-2440 bzw. 804-2618
@Info= Zum Kurs Analysis I finden am 21. und 22. Februar 1987 im Studienzentrum Neu
(Sternstr. 62, 4040 Neu) Studientage statt, die wichtigen Themen des Kurses (wie Konver-
genz- und Grenzwertbegriffen, stetigen und differenzierbaren Funktionen, Integral) gewidmet
sind. Die diesjährigen Kursteilnehmer wurden bereits informiert. Die Studientage stehen
auch Studentinnen und Studenten offen, die den Kurs in früheren Studienjahren beleget
haben. Nähere Informationen können im Lehrgebiet Analysis angefordert werden.

.@Beadr= Kursangebot Informatik im SS 1987
@Beadr= An die Beleger des Kurses 1704 im SS 1987
@A-1 = Auskunft:
@Auskft= Prof. Dr. E. Bertsch
@A-1 = Telef.:
@Telef= 02331/ 804-2726
@Info= Der Kurs 1704 "Einführung in die Rechnerarchitektur" wird im SS 1987 von Prof. Dr.
E. Bertsch und Mitarbeiter betreut: Das Kursmaterial besteht aus einem Basistext von Prof.
Dr. J. Hayes und einem Leitprogramm von Prof. Dr. W. Schneeweiß.
Während das Leitprogramm von der Fernuniversität versandt wird, sollte der Basistext von
den Belegern selbst über den Buchhandel erworben werden. Es handelt sich um das Buch
J. Hayes: Computer Architecture und Organisation. New York: McGraw-Hill (1987).
Über alle Einzelheiten zum Übungs- und Prüfungsablauf wird später informiert.

.@Beadr= . . . . .hier im Überschreibmodus das Thema eintragen ! ! ! . . . .
. . . .
. . . .
@Beadr= . . . . .hier Zielgruppe eintragen ! ! ! . . . .
. . . .
. . . .
@A-1 = Auskunft =
@Auskft= . . . . .hier den Namen des Auskunfterteilenden eintragen ! ! ! . . . .
. . . .
@A-1 =Telef.:
@Telef= . . . . .hier Telefon ! ! ! . . . .
@Info= . . . . .nun folgt der Text Ihres Infos ! ! ! . . . .
. . . .
. . . .
. . . .
. . . .Vergessen Sie nicht, alle nicht überschriebenen Pünktchen zu löschen ! ! ! . . . .

Abb. 44 Info-Datei mit Textbaustein, in die bereits zwei Infos eingetragen wurden.

2.   **Rufen Sie den Textbaustein mit dem Namen Kursinfo auf.**

3.   **Schalten Sie den Überschreibmodus ein, und tragen Sie den Text zum Betreff, zum Adressaten, zur Auskunftsperson, zur Telefonnummer und zum Info in die mit (. . .) gekennzeichneten Felder ein.**

4.   **Löschen Sie den durch (. . .) markierten überschüssigen Raum.**

5.   **Speichern Sie die erweiterte Datei.**

6.   **Zum Erstellungstermin des Newsletter laden Sie jeweils eine dieser Fachbereichsdateien in eine separate Kapiteldatei des Ventura Publisher. Der Text wird aufgrund der in WordStar aufgerufenen Absatzformate weitgehend automatisch formatiert.**

7.   **Erledigen Sie verbleibende Formatierungsarbeit.**

8.   **Aktualisieren Sie das Titelblatt des Newsletters (Nummer, Erscheinungsdatum, Inhaltsverzeichnis).**

9.   **Verketten Sie alle Fachbereichs-Kapitel-Dateien zu einer Publikation. Dies ermöglicht eine durchgehende Paginierung.**

10. **Drucken Sie die Publikation nach Abschluß aller Arbeiten auf dem HP-LaserJet aus.**

Ein Handbuch

Handbücher sind Nachschlagewerke, die häufig benötigte Kenntnisse aus unterschiedlichen Wissensgebieten oder Lösungswege für praktische Aufgaben in leicht erreichbarer Form präsentieren. Handbücher können wissenschaftlicher, technischer oder praktischer Natur sein. Auch über kulturelle Themen werden Handbücher verfaßt. Die Erstellung von Handbüchern ist ein bevorzugtes Anwendungsgebiet für Desktop Publishing Software und für Laserdrucker, denn bei Handbüchern steht nahezu immer der informative Wert an erster Stelle. Desktop Publishing erlaubt die schnelle Produktion aktueller Handbücher.

Das Beispiel. Als Beispiel zeigen wir Ihnen zwei Seiten aus dem Handbuch "Hewlett-Packard, Getting Started with the LaserJet Series II" zur Inbetriebnahme des HP LaserJet Serie II. Der Text wurde in die deutsche Sprache übertragen und der amerikanischen Vorlage entsprechend typografisch gestaltet. Wir zeigen die Seiten 3-4 und 3-5, die die Konfiguration des Druckers mittels des eingebauten Kontrollpanels erläutern.

Verwendete Software. Die Texte wurden mit Microsoft Word 3.1 erfaßt. Die Grafiken wurden mit Microsoft Windows Draw erstellt. Das Schriften-Handling wird unter Anwendung der Software Outline erledigt.

Arbeitsorganisation. Nachdem der Text erfaßt und die Grafiken eingescannt sind, wird mit PageMaker ein zweispaltiges Layout erzeugt. Die linke Spalte soll die Überschriften, die rechte den Text und die Abbildungen enthalten. Mit besonderer Sorgfalt ist für die Registerhaltigkeit von Überschriftszeilen und Textzeilen Sorge zu tragen. Die Outline-Standard-Schriftlade-Datei wird modifiziert. Wir benötigen eine Times fett, 18 Punkt weiß auf schwarzem Grund zur Gestaltung der Flattermarken auf dem rechten Rand der rechten Seiten.

Vorgehensweise:

1. **Legen Sie eine Outline-Schriflade-Datei modif 5 an, und modifizieren Sie diese:**

   Als Zusatzschrift 2 wählen Sie Times 18 Punkt fett. Diese Schrift wird zu einer Invers-Schrift modifiziert. Stellen Sie den Cursor auf die Position fett in der Zeile Zusatzschrift 2 und drücken Sie die Taste INS. In das nun erscheinende Modifikationsmenü geben Sie ein:

   Schriftbild: Invers, Schriftfarbe: Weiß, Hintergrund: Schwarz
   Als Zusatzschrift 3 wählen Sie an Times 14 Punkt normal, fett und kursiv.
   Zusatzschrift 4 können Sie löschen, da sie nicht benötigt wird.

2. **Beenden Sie das Editieren der Schriftladedatei mit End und laden Sie die benötigten Schriften mit Outline in den LaserJet.**

   Achtung: Fertigen Sie eventuell vorher eine Kopie Ihrer WIN.INI-Datei an.

   Outline modifiziert die Windows-WIN.INI-Datei automatisch, so daß in PageMaker die entsprechenden Schriften angewählt werden können.

3. **Erfassen Sie den Text in Microsoft Word.**

4. **Erstellen Sie die Abbildungen in Windows Draw.**

5. **Öffnen Sie in PageMaker das Menü Seitenlayout (Page Setup), und gestalten Sie das Seitenlayout. Geben Sie ein:**

   Papierformat: 18,0 cm x 21,7 cm
   Ränder: Innen 1,7, Außen 1,4, Oben 1,7, Unten 1,2 cm

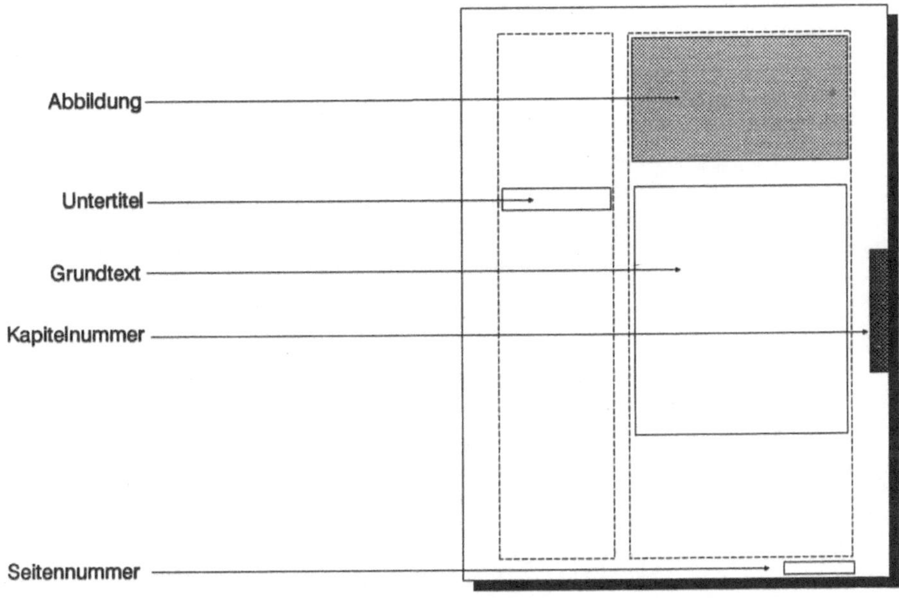

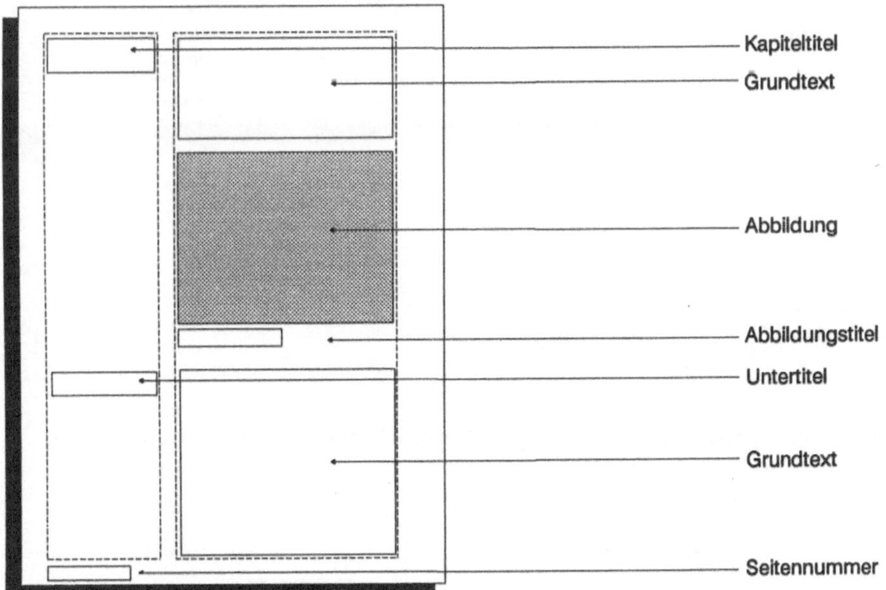

Abb. 45 Layout-Skizze für die rechte (oben) und die linke (unten) Seite des HP LaserJet-Handbuches.

Drucker-Konfiguration

Nach der Entscheidung für eine serielle oder eine parallele Drucker-schnittstelle können Sie den Drucker über sein Kontroll-Panel kon-figurieren.

Das Kontroll-Panel wird im Einzelnen in Kapitel 2 des *LaserJet Serie II Benutzerhandbuches* erläutert. Hier erklären wir lediglich, wie Sie die verschiedenen Menüs des Kontroll-Panels aufrufen. Anschließend führen wir Sie durch die Einstellungen, die Sie vornehmen müssen, **bevor** Sie die Konfigurations-Beschreibungen am Ende dieses Kapitels zur Einstellung des LaserJet auf Ihren individuellen Personalcomputer benutzen können.

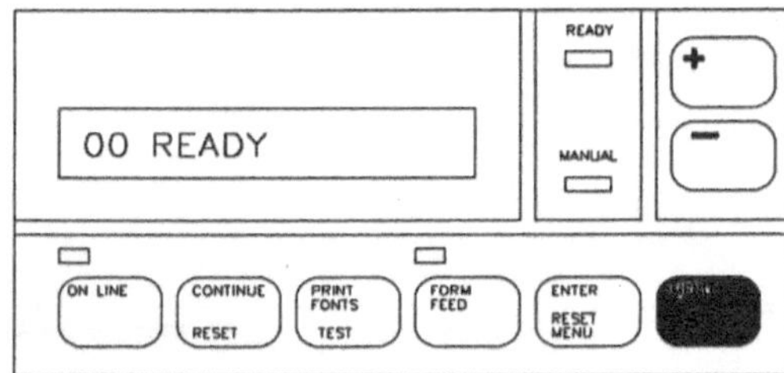

Abbildung 3-2. Kontroll-Panel

Menü-Taste

Die Menü-Taste wird verwendet um das Druck- und das Konfigura-tionsmenü aufzurufen. Einmaliges Drücken auf die Menü-Taste ruft das Druckmenü auf. Das Druckmenü bietet Ihnen die Möglichkeit verschiedene Einstellungen für den Druckmodus einer Seite vorzunehmen. Wenn Sie die Menü-Taste einige Sekunden gedrückt halten, so rufen das Konfigurationsmenü auf, das Ihnen Einstel-lungsmöglichkeiten bietet, die erforderlich sind, um den Drucker generell auf Ihren Personalcomputer und die benutzte Drucker-schnittstelle einzustellen.

In Verbindung mit den Tasten + und - sowie der Taste ENTER (Return) nehmen Sie mit der Menü-Taste sämtliche Einstellungen des Druckers vor.

Konfiguration 3-4

Abb. 46   Linke Seite aus dem nachgesetzten HP LaserJet-Handbuches, erstellt mit PageMaker, Windows Draw und Outline.

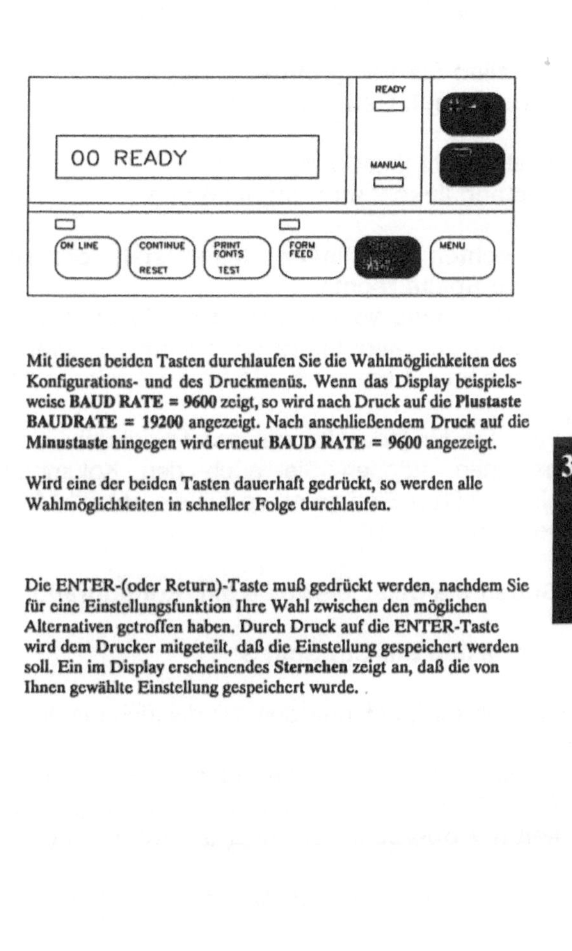

Plus- und Minustaste

Mit diesen beiden Tasten durchlaufen Sie die Wahlmöglichkeiten des Konfigurations- und des Druckmenüs. Wenn das Display beispielsweise **BAUD RATE = 9600** zeigt, so wird nach Druck auf die **Plustaste BAUDRATE = 19200** angezeigt. Nach anschließendem Druck auf die **Minustaste** hingegen wird erneut **BAUD RATE = 9600** angezeigt.

Wird eine der beiden Tasten dauerhaft gedrückt, so werden alle Wahlmöglichkeiten in schneller Folge durchlaufen.

ENTER-Taste

Die ENTER-(oder Return)-Taste muß gedrückt werden, nachdem Sie für eine Einstellungsfunktion Ihre Wahl zwischen den möglichen Alternativen getroffen haben. Durch Druck auf die ENTER-Taste wird dem Drucker mitgeteilt, daß die Einstellung gespeichert werden soll. Ein im Display erscheinendes **Sternchen** zeigt an, daß die von Ihnen gewählte Einstellung gespeichert wurde.

Konfiguration 3-5

Abb. 47   RechteSeite aus dem nachgesetzten HP LaserJet-Handbuches, erstellt mit PageMaker, Windows Draw und Outline.

Anlageformat: Hoch
Optionen: Doppelseitig, Gegenüberliegend

6.   **Erstellen Sie bei geöffneten Layoutseiten in PageMaker ein zweispaltiges Layout. Geben Sie ein:**

Spaltenzahl links 2, rechts 2
Abstand links 6 mm, rechts 6 mm

In rechten und linken Seiten steht die schmale Spalte links, die breite Spalte rechts.
Mit der Maus verschieben Sie die Spaltentrennlinien in der rechten und linken Layoutseite an die entsprechende Position. Die schmale Spalte ist 4,4 cm breit, die breite Spalte mißt 10 cm.

7.   Falls Sie für jedes Kapitel des Handbuches eine neue PageMaker-Datei beginnen, können Sie auch den Kolumnentitel am Fuß der Seite einschließlich Einfügemarke für die aktuelle Seitennummer in die Layoutseiten aufnehmen.

Geben Sie beispielsweise ein: Konfiguration 3

Und tasten Sie Ctrl Shift 3

PageMaker fügt hinter dem Bindestrich die aktuelle Seitennummer ein.

8.   **Plazieren Sie Text, Überschriften und Abbildungen in die jeweiligen PageMaker-Seiten. Achten Sie dabei besonders auf Registerhaltigkeit der Überschriften- und Grundtextzeilen.**

Im Seitenkopf positionieren Sie eine starke und eine feine Linien.

Den Grundtext setzen Sie aus Times 10 Punkt normal in Blocksatz, die erste Überschrift aus Times 14 Punkt, fett, linksbündig, die zweite Überschrift aus Times 14 Punkt, fett, rechtsbündig.

Die Flattermarken auf den rechten Seiten setzen Sie aus der zur Invers-Schrift modifizierten Times 18 Punkt, fett. Das schwarze Feld, in dem die Kapitelnummer steht, erweitern Sie, indem Sie um es herum drei schwarze Rechtecke plazieren.

9.   **Speichern Sie Ihr Dokument, und drucken Sie es mit dem HP LaserJet aus.**

Ein Buch

Mit dem HP LaserJet können Sie Druckvorlagen für Bücher erstellen. Es gibt eine einzige Bedingung, die Sie beachten müssen: Es steht Ihnen für die Gestaltung von Schriftzeichen und Grafik eine Auflösung von 300 Punkten pro Zoll zur Verfügung. Fotosatzbelichter verfügen über Auflösungen von 1000 und mehr Punkten je Zoll. Natürlich stehen solche Belichter auch preislich in keinerlei Verhältnis zu den relativ geringen Anschaffungskosten eines HP LaserJet. Nichts kann Sie davon abhalten auch die Druckvorlagen für Bücher mit einem Laserdrucker zu erstellen. Und in einem weiten Feld vor allem technischer Bücher ist das Erstellen der Druckvorlagen im Laserdruckverfahren längst zu einer geübten Praxis der Verlagsproduktion geworden. Natürlich werden Sie nicht gerade die Satzfahnen für einen hochwertigen Kunstband mit teuren mehrfarbigen Abbildungen, der auf Hochglanzpapier gedruckt werden soll im Laserdruckverfahren erstellen. Für technische und wissenschaftliche Bücher, die eine relativ häufige Aktualisierung erfahren, ist das Laserdruckverfahren jedoch die Methode der Wahl.

Das Beispiel. Um Ihnen zu zeigen, das auch unter ästhetischen Gesichtspunkten gestaltete Buchseiten mit dem HP LaserJet erstellt werden können, wählen wir zwei Seiten aus einem kulturhistorischen Werk über die Bedeutung der Tierwelt im klassischen Altertum. Wir setzen unser Beispiel in einem zweispaltigen Layout, wie man es in Werken dieser Art häufig findet.

Verwendete Software. Der Text wird mit Microsoft Word 3.1 erfaßt. Abbildungen werden mit dem HP ScanJet gescannt. Die Buchseiten werden mit Ventura Publisher gesetzt und umbrochen. Wir entscheiden uns für Ventura Publisher, da es insbesondere wegen der Möglichkeit, lange Werke automatisch zu umbrechen, für unsere Aufgabe am besten geeignet ist.

Arbeitsorganisation. Nachdem der Text erfaßt, die Bilder eingescannt und auf der Festplatte gespeichert wurden, ist in Ventura Publisher zunächst ein Layout zu entwicklen. Die Schriftorganisation bereitet uns hier keine größeren Schwierigkeiten, da die Aufgabe mit den mit Ventura Publisher gelieferten Schriften gelöst werden kann. Diese Schriften werden bei Installation des Programms für den HP LaserJet automatisch mitinstalliert und bei jedem Ausdruck sehr schnell in den Drucker geladen. Da Ventura Publisher nur Standard-Papierformate kennt, wählen wir A4 und markieren die Schnittmarke für das von uns gewünschte Papierformat innerhalb der Seite durch ein Fadenkreuz. Den Satzspiegel bestimmen wir durch Definition von Rändern.

Vorgehensweise:

1. **Erfassen Sie den Text.**

2. **Scannen Sie die Abbildungen von einer vorliegenden grafischen oder fotografischen Vorlage.**

3. **Erstellen Sie das Layout in Ventura Publisher.**

    Den Satzspiegel legen Sie über die Ränder des in der Seite stehenden Rahmens fest.

    Wählen Sie Zweispaltigkeit an.

    Zur Formatierung des Textes benötigen Sie 5 verschiedene Absatzformate für Kapitelnummer, Kapiteltitel, zweite Überschriften (unterstrichen) und dritte Überschriften.

    Den Kolumnentitel gestalten Sie mit der Funktion Kopf- und Fußzeilen. Auch die Verwaltung der Abbildungstitel und Fußnoten wird von Ventura Publisher übernommen.

4. **Plazieren Sie Ihren Text im ersten Rahmen der Seite.**

5. **Für die Abbildungen stellen Sie in den ersten Rahmen der Seite jeweils weitere Rahmen ein.**

6. **Plazieren Sie die Abbildungen in den dafür vorgesehenen Rahmen.**

7. **Kontrollieren Sie den Umbruch des Textes.**

8. **Zur Produktion eines Buches gehört auch die Erstellung eines Inhaltsverzeichnisses, eines Index und eines Abbildungsverzeichnisses. Ventura Publisher unterstützt Sie bei diesen Aufgaben.**

9. **Denken Sie daran, das von Ihnen veränderte Layout unter einem neuen Namen zu speichern, bevor Sie Ihr Dokument abspeichern. Da in Ventura Publisher immer eine Layout-Datei aktiv ist, überschreibt das neue Layout ansonsten das von Ihnen zuletzt benutzte.**

10. **Speichern Sie Ihr Dokument ab, und drucken Sie es mit dem HP LaserJet aus.**

Fische, Pisces   1

Kapitel 1

Fische, Pisces

Das lateinische Wort *pisces*, deutsch Fisch, sehen wir auf europäische Völker beschränkt, und man weiß nicht sicher, was sie ursprünglich bedeuten. Vermutlich kommt das griechisch-slavische Wort vom Aufsperren des Mauls, von der Wurzel ghu, ghjâ, woher χαινοω und *Chaos* und das lateinische *hiare* klaffen, weil der ans Trockene gezogene Fisch durch diese Grimasse auffällt.

Thun, Thynnus vulgaris.

Der wichtigste Fisch der Altertums in nationalökonomischer Hinsicht war entschieden der Thun: seine Heimat bildet das Mittelmeer. Er hat in der nachhomerischen Zeit für die griechische und später für die römische Welt die glei-che riesige Bedeutung gehabt wie sie gegenwärtig für nordische Länder der Hering besitzt. Tausende ärmerer Leute warteten alljährlich sehnsüchtig auf dieses "Manna des Mittelmeers", das ihnen im frischen und noch viel mehr im eingesalzenen Zustand Nahrung und Genuß gewähren sollte. Aber auch der Gourmand freute sich der Fangzeit, wo er das gebratene Bauchstück, abdomen, einen der feinsten Leckerbissen der antiken Tafel, frisch bekam, und das ganze Jahr hindurch gebrauchte man als delikate

Würze für viele Speisen die Fischsaucen aller Art, die großenteils aus Kiemen und Eingeweiden des Thunes bereitet wurden. Der Name wurde von den Alten selbst auf wüten zurückgeführt, weil das Tier, wenn es sich im Netz gefangen spürt, in rasender Wut um sich schlägt; aber die richtigere Ableitung ist aus dem Semitischen, wo das Wort für Thun, tanin, einen Großfisch bedeutet, ein langgedehntes Tier, und er ist ja unter den eigentlichen Fischen des Mittelmeers tatsächlich der Größte: Wale verirren sich nur ausnahmesweise aus dem Ozean ins Mittelmeer.

Der Fang

Die erste Hauptstelle des Fangs war nach Polybius Carteia, dann kam Gades, das den Thun als Münzwappen führte, große Fischsalzereien hatte und

Abb. 1-1 Thunfisch geschlachtet

Abb. 48   Rechte Seite eines Buches, erstellt mit Ventura Publisher und HP ScanJet.

einen lebhaften Export nach Bruttium, Campanien und Tarent unterhielt, somit überhaupt wohl nach Italien.

In Gallien ragte Antipolis, jetzt Antibes in der Provence hervor: die dort fabrizierte Muria hatte Weltruf. Ganz besonders geschätzt waren auch die sardinischen Salzfischwaren.

An der etrurischen Küste besaßen Populonia und Cosa Wachtürme für den Thunfisch-fang.

In Unteritalien sind Cumae, und Vibo zu erwähnen.

An der italischen Ostküste finden wir Muriafabriken in Thurii, das auch auf seinen Münzen[*] ein schönes Bild des Thunfischs zeigt. Auch Tarent und Corcyra sind nicht zu vergessen. Auch dalmatinische Muria kam viel in den Handel.

Hellas im engsten Sinn besaß außer zu Halai Aixonides in Attika, ferner Megara und Karistos auf Euboea keine nennenswerte Salzfischindustrie. Dagegen hört man von bedeutendem Thunfang der Thraker am Meerbusen Melas und von Muria aus Thasos. Auch führt die thrakisch-mazedonische Stadt Akanthos den Thun im Münzwappen.

Goldbrasse, Chrysoprys aurata.

Sie gehört zu den Spariden, von denen die Alten viele Arten kannten. So gemein der Fisch an allen Küsten des Mittelmeers ist, so hochgeschätzt war er um seines delikaten Fleisches willen, das bei jeder Art von Behandlung Wohlgeschmack bekommt. Wir finden daher schon bei Archestratos kulinarische Vorschriften und auch bei Apicius mehrere Rezepte; desgleichen spricht Celsus

wiederholt von ihm und zählt ihn zu den Fischen mit ziemlich hartem Fleisch (quamvis tenerioris, tamen duri). Seine Lieblingsspeise sind Muscheln. Nach Plinius hält er sich wie noch gewisse andere Fische 60 Tage lang während der ärgsten Hitze verborgen. Bei den Römern war er so beliebt, daß der Erfinder mit dem Meer verbundenen Fischteiche für Seetiere, Sergius Orata, seinen Beinamen von ihm erhielt. Orata ist vulgärform für aurata. Die Griechen nennen ihn goldbrauig und mit goldenen Augen, die Lateiner "Goldfisch". Die Grundfärbung ist grünlich silbergrau mit gegen 20 goldgelben längsbändern, einem Goldfleck an den Kiemendeckeln und einer goldgelben Binde an der Stirn. Ein Kenner bei Athenaeus erklärt ihn für den schönsten unter sämtlichen Fischen.

Zu Rom standen die Goldbrassen, die sich an den Austern des Lukrinersees mästeten, im größten Renommee. Archippos, der zur Zeit des Peloponnesischen Krieges zu Athen sein Lustspiel "Fische" aufführte, nante die Goldbrasse Priesterin der Aphrodite von Kythera und Hikesios pries sie als den delikatesten Fisch der Welt. Der Sizilianer Archestratos hält die fetten von Ephesos, für die preiswürdigsten, in zweiter Linie die von Selinunt. Derselbe rät den Fisch ganz so zu braten, wäre er auch 10 Ellen lang. Er wird übrigens höchstens 60 cm lang, gewöhnlich 30-40. Für Tarent schein die Brassenfischerei wichtig gewesen zu sein, nach dem Typus der Münzen zu schließen.

---

[*]   Londoner Katal.. (1880) III. C. 17.

Abb. 49   Linke Seite des Buches, erstellt mit Ventura Publisher und HP ScanJet.

Flyer/Waschzettel

Der Flyer ist eine einseitige Broschüre oder ein Handzettel. Es wird je nach Verwendungszweck einfach oder aufwendig gestaltet.

Das Beispiel. Wir zeigen hier einen Flyer des Kunstreisebüros, mit dem dieses auf eine besonders günstige Reise in seinem Frühjahrsangebot aufmerksam machen will. Der Flyer besteht aus dem Logo des Kunstreisebüros, Angabe und kurzer Beschreibung der angebotenen Reise sowie einer themenbezogenen Abbildung.

Verwendete Software. PageMaker, Outline, HP Scanning Gallery

Arbeitsorganisation. Die Outline-Schriftlade-Datei Standard muß modifiziert werden. Die Abbildung wird mit dem HP ScanJet und der Scanning Gallery eingelesen und in PageMaker plaziert. Da der Textanteil wenig umfangreich ist, kann der Text direkt in PageMaker erfaßt werden.

Vorgehensweise:

1. **Modifizieren Sie Ihre Outline-Schriftladedatei. Tragen Sie ein:**

   Zusatzschrift 2:Times Roman 30 Punkt, fett, (hinzu kommt eine Modifikation)
   Zusatzschrift 3: Times Roman 18 Punkt, fett
   Zusatzschrift 4: Times Roman 24 Punkt, fett

2. **Die Zusatzschrift 2 modifizieren Sie zu einer Schattenschrift. Stellen Sie den Cursor auf das Feld fett, und drücken Sie die Taste INS. In das Modifikationsmenü geben Sie ein:**

   Schriftbild: Outline, Füllfarbe: Weiß, Tiefe: 45 %, Tiefeneffekt 3D, Tiefenfarbe: 60 % Grau

3. **Lesen Sie die Abbildung von einer fotografischen Vorlage mit dem HP ScanJet ein.**

4. **Erstellen Sie eine PageMaker-Datei.**

5. **In das Befehlsmenü Datei, Dialogfenster Seitenlayout geben Sie ein:**

   Papierformat: A4, Anordnung: Hochformat, Ränder: Innen: 25 mm, Außen: 20 mm, Oben: 10 mm, Unten: 20 mm

6. **Das Dokument ist einseitig und einspaltig. Wählen Sie die mit R gekennzeichnete Layoutseite an.**

Abb. 50   Flyer eines Reiseveranstalters, erstellt mit PageMaker, HP ScanJet und Outline.

7. **Öffnen Sie das Dialogfenster Spalten im Befehls-Menü Optionen, und geben Sie ein:**

Spaltenzahl: 1

8. **Gestalten Sie den Seitenkopf aus einem Doppellinienrahmen und dem Schriftzug in Times 30 Punkt, fett, schattiert. Den Schriftzug zentrieren Sie zur Mitte.**

9. **Den Titel der Reise setzen Sie aus Times 24 Punkt, fett und zentrieren ihn zur Mitte.**

10. **Erfassen Sie die Reisebeschreibung oberhalb des Bildes. Setzen Sie diesen Text aus Times 12 Punkt, fett. Der Text wird zur Mitte zentriert.**

11. **Erfassen Sie nun den Text unterhalb des Bildes. Diesen Text setzen Sie aus einer Times 10 Punkt**

12. **Plazieren Sie die gescannte Abbildung zwischen das obere und das untere Textelement.**

13. **Setzen Sie den Reisepreis aus Times 30 Punkt, fett, schattiert, und schließen Sie ihn rechtsbündig aus.**

    Die Schriftmodifikation (schattiert) wird im PageMaker-Bildschirm nicht sichtbar.

14. **Speichern Sie Ihr Dokument ab.**

15. **Drucken Sie den Flyer mit dem HP LaserJet in gewünschter Zahl, oder benutzen Sie einen Ausdruck als Druckvorlage für den Offsetdruck.**

Artikel

Informationsbroschüren, Flyer, Magazine, etc. können aus einzelnen Artikeln aufgebaut werden, wir zeigen Ihnen daher hier ein Gestaltungsbeispiel für einen einzelnen Artikel.

Das Beispiel. Wir zeigen Ihnen einen Artikel aus einer technisch-informativen Broschüre. Der Artikel behandelt die Robotertechnik und enthält eine entsprechende Abbildung, die mit dem technischen Zeichenprogramm AutoCad erstellt wurde. Das Dokument ist einspaltig.

Verwendete Software. Word, Ventura Publisher, AutoCad.

Abb. 51 Layout-Skizze eines technischen Artikels in einer Broschüre.

Echolot für Roboter

Der Arbeitsbereich, in dem Roboter "sehen" müssen, liegt typischerweise zwischen Zehntelmillimetern und einem Meter. Während die Optische Wahrnehmung immensen Aufwand erfordert, erweist sich die von Fledermäusen so erfolgreich benutzte Methode der Echolotpeilung als wesentlich einfacher und dabei sehr präzise. Zudem entfällt hier das Problem der Tiefenschärfe, das optischen Systemen die Erkennung verschiedener Objektebenen erschwert.

Ein von Siemens entwickeltes Verfahren analysiert die reflektierten Ultraschall-Impulse in weniger als einer hundertstel Sekunde und ist damit sehr schnell. Die Entfernung zwischen Roboterhand und Objektpunkten wird auf wenige Zehntelmillimeter genau bestimmt.

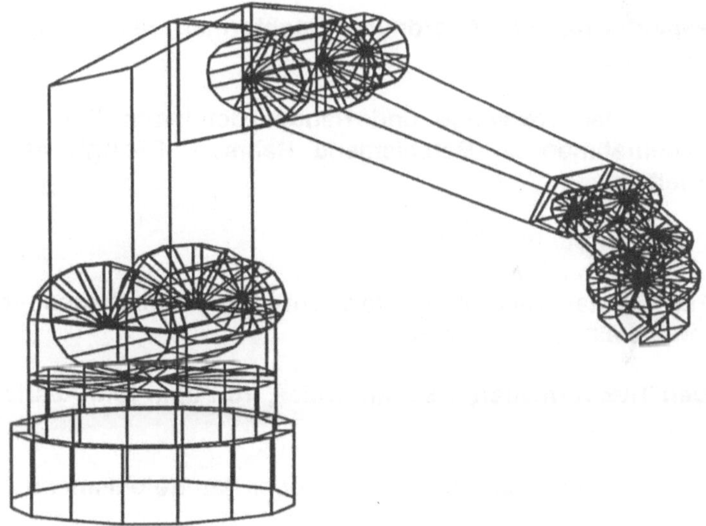

Das Sende- und Empfangselement mit einem Durchmesser von etwa 2 cm ist preiswert und robust. Es besteht aus einer Folge von Kunststoff-Folien und piezoelektrischen Keramik-Lamellen. Da auch der Preis für die Auswerte-Elektronik dieses akustischen Systems wesentlich niedriger liegt als bei optischen Systemen, erhofft sich Siemens ein weites Anwendungsfeld. ud *

*   Text aus Bild der Wissenschaft 1-1987
    Quelle der Grafik: AUTOCAD-Beispiel-Grafik

-3-

Abb. 52   Seite aus einem technischen Artikel, erstellt mit Ventura Publisher und AutoCad.

Arbeitsorganisation. Es werden die mit Ventura Publisher gelieferten Schriften für den HP LaserJet verwendet. Die Abbildung wurde in AutoCad erstellt und in Ventura Publisher übernommen. Der Text wird in Word erfaßt und als Word-Datei in Ventura Publisher übernommen.

Vorgehensweise:

1. **Erstellen Sie die Abbildung, falls sie nicht ohnehin bereits vorliegt, in AutoCad.**

2. **Legen Sie eine Ventura Publisher-Kapiteldatei an.**

3. **Sie wollen ein einspaltiges Dokument gestalten. Im Befehlsmenü Seite, Dialogfenster Seitenlayout geben Sie ein:**

    Papierformat A4, Anordnung Hochformat, Seite: Doppelt, Beginn: Rechte Seite

5. **Breite der Textspalte und Ränder definieren Sie bei aktiviertem Seitenrahmen im Befehlsmenü Rahmen, Dialogfenster Ränder & Spalten.**

4. **Plazieren Sie den Text**

5. **Zur Formatierung des Titels und des Grundtextes erzeugen Sie jeweils ein Absatzformat.**

6. **Den Titel formatieren Sie mit Swiss, 18 Punkt fett, Ausrichtung Mitte, Linie unten.**

    Diese Formatierung nehmen Sie über das Befehlsmenü Absatz vor.

    Im Dialogfenster Schriftart definieren Sie die Schrift, im Dialogfenster Ausrichtung geben Sie Mitte ein, im Dialogfenster Linie unten geben Sie ein:

    Breite Spalte, Struktur Dicht, Abstand oberhalb 1: 0.8 cm, Linienbreite 1: 0.070 cm,

7. **Den Grundtext formatieren Sie mit Swiss 12 Punkt normal, Blocksatz. Diese Eingaben machen Sie im Befehlsmenüs Absatz, Dialogfenster Schriftart und Dialogfenster Ausrichtung.**

    Zusätzlich legen Sie im Dialogfenster Zwischenraum Absatz- und Zeilenabstände fest. Geben Sie ein:

Zeilen/: 14.40 Teilpunkte
Absatzabstand: 14.40 Teilpunkte

8. **Erzeugen Sie die Fußzeile. Im Befehlsmenü Seite, Dialogfenster Kopf- und Fußzeilen geben Sie ein:**

    Rechte Seite Fuß, Ein, Mitte: - (Seiten #) -

9. **Definieren Sie die Ränder des Fußzeilenrahmens. Aktivieren Sie den Rahmen. Im Befehlsmenü Rahmen, Dialogfenster Ränder & Spalten geben Sie ein:**

    Ränder/Kopf: 0.80 cm, Fuß: 0.00, Links: 2.30 cm, Rechts: 2.00 cm

10. **Für das Format Z_Fuß, mit dem die Fußzeile automatisch formatiert wurde definieren Sie:**

    Swiss 10 Punkt, normal

11. **Zur Formatierung der Fußnote wählen Sie im Befehlsmenü Seite das Dialogfenster Fußnotenformat. Geben Sie ein:**

    Numerierungsart: # Seitenweise (Benutzerdefinition)
    Startnummer: 0001
    Position: Hoch

12. **Zur Erzeugung einer Fußnote stellen Sie den Cursor an die Position des Fußnotenverweises, wählen Sie im Befehlsmenü Bearbeitung den Befehl Fußnote einfügen. In den Fußnotenrahmen am Seitenfuß fügen Sie die Fußnoten ein.**

13. **Zur Formatierung des Fußnotentextes definieren Sie für das Format Z_FUSSN_VERW die Schrift Swiss 8 Punkt normal und Ausrichten links.**

14. **Der Fußnotentext wird gegenüber dem linken Rand des Satzspiegels eingezogen. Für das Format Z_FUSSN_VERW definieren Sie daher einen linken Rand von 0.80 cm.**

15. **Für die Grafik plazieren Sie in die Seitenmitte einen 12 cm hohen Rahmen von der linken zur rechten Kante des Satzspiegels.**

16. **Zu diesem Rahmen definieren Sie im Befehlsmenü Rahmen, Dialogfenster Ränder & Spalten einen Rand, damit die Abbildung genügend Abstand vom Text hält.**

17. Plazieren Sie die AutoCad-Grafik in den Rahmen.

18. Speichern Sie das fertige Dokument, und drucken Sie es mit dem HP LaserJet aus.

Teilekatalog

Das Beispiel. Wir zeigen eine Seite aus einem Teilekatalog für Fotozubehör. Sämtliche Seiten dieses Kataloges enthalten jeweils eine Abbildung, eine Beschreibung und die Bestellnummer des jeweiligen Artikels. Einige Seiten, beispielsweise die von uns gezeigte, enthalten kurze Einleitungen in den vorgestellten Artikelbereich, hier sind es Reinigungsgeräte. Der Grundtext und die Seitennummer sind aus Helvetica normal, 10 Punkt gesetzt, die Kapitelüberschrift aus Helvetica fett, 24 Punkt, Artikelnummer und -bezeichnung aus Helvetica fett, 12 Punkt.

Verwendete Software. Windows Write, PageMaker und HP Scanning Gallery.

Arbeitsorganisation. Der Text wurde in Write erfaßt, die Abbildungnen mit dem HP ScanJet und der HP Scanning Gallery eingelesen. Textelemente und Bildelemente wurden in ein PageMaker-Layout plaziert und so zusammengeführt. Als Schriften kommen die Hewlett Packard Softfonts zur Anwendung.

Vorgehensweise:

1. Lesen Sie die Abbildung von einer fotografischen Vorlage mit dem HP ScanJet ein.

2. Erfassen Sie den Text in Windows Write.

3. Erstellen Sie eine PageMaker-Datei.

4. In das Befehlsmenü Datei, Dialogfenster Seitenlayout geben Sie ein:

Papierformat: 190 x 203 mm, Anordnung: Hochformat, Ränder: Innen: 12 mm, Außen: 8 mm, Oben: 10 mm, Unten: 10 mm, Doppelseitig, Start bei Seite 1.

5. Wählen Sie die Layoutseiten an.

6. Öffnen Sie das Dialogfenster Spalten im Befehls-Menü Optionen, und geben Sie ein:

Spaltenzahl: 3, Spaltenabstand: 5 mm

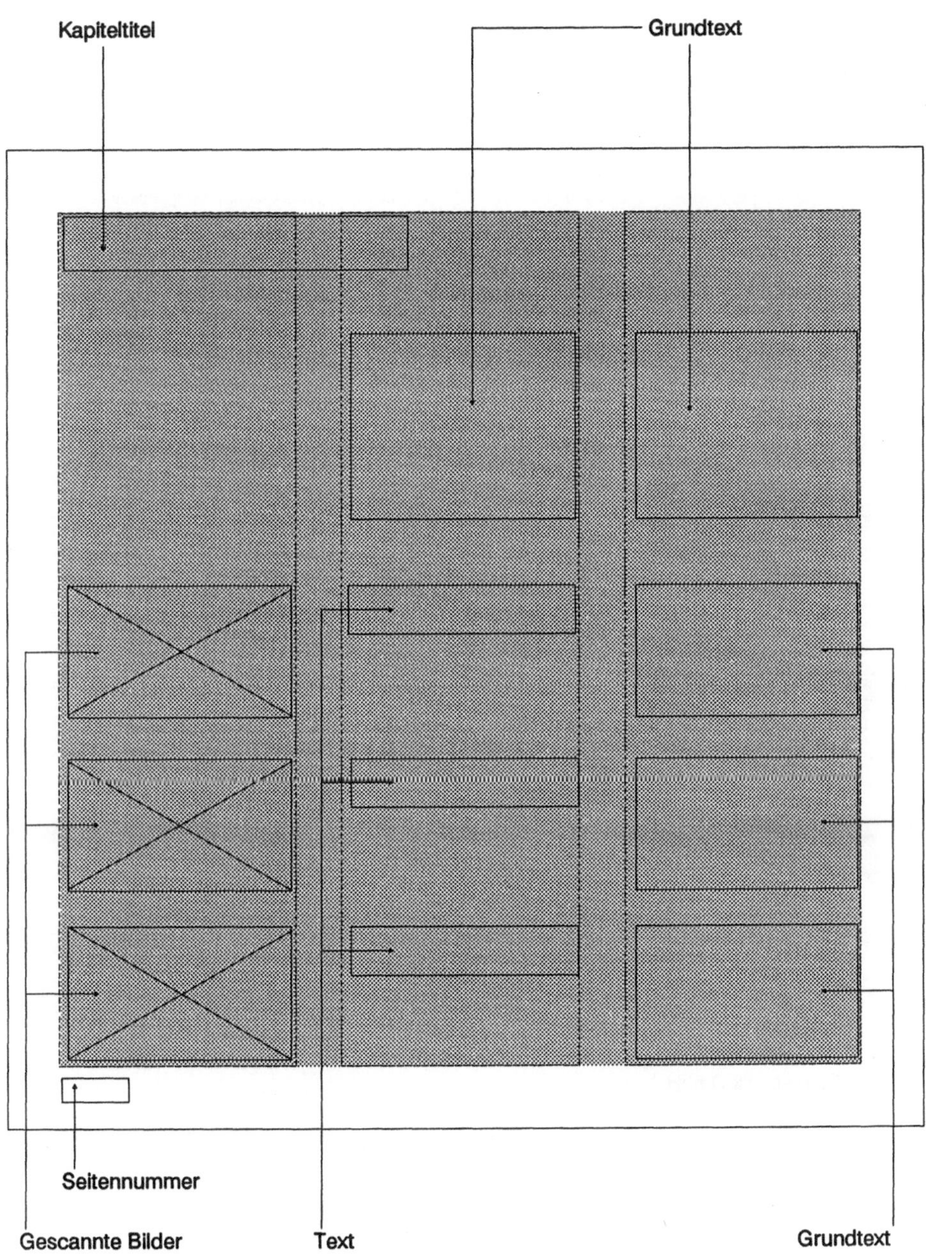

Abb. 53   Layout-Skizze eines Teilekataloges.

Reinigung muß sein

Die Feinde der Videogeräte, sprich Staub und Schmutz, lauern überall. So auch auf den Objektiven, Linsen und Filtern. Die Folge: Dunkle Flecken oder dicke Balken verunzieren das Videobild auf dem Fernsehschirm.
Solche unangenehmen Überraschungen kann man leicht vermeiden!

Ein Optik-, Luft- oder Reinigungspinsel und das Reinigungspapier gehören in jede Kameratasche. Objektiv, Filter und Linsen werden vor der Aufnahme geprüft und gegebenenfalls gesäubert. Aber bitte im Schongang! Während Filter und Vorsatzlinsen ersetzbar sind, ist das Videoobjektiv ein teures Stück.

96331
Luftpinsel

Rundpinsel mit Gummiblasebalg.

96315
Luftpinsel

Rundpinsel mit großem Gummiblasebalg.

96331
Reinigungspinsel

Flachpinsel, 2,5 cm breit, mit kurzem Kunststoffstiel.

352

Abb. 54   Seite des Teilekataloges, erstellt mit PageMaker. Quelle vonText und Bild: Kaiser Fototechnik GmbH.

7. Zeichnen Sie die Linien am Seitenkopf und Seitenfuß in die linke und rechte Layoutseite.

8. Geben Sie auf der Außenseite im Fuß der jeweiligen Layoutseite mit Ctrl Shift 3 die Position für die Seitennummer ein. Es erscheint Seitennummer 0. Diese formatieren Sie mit Helvetica fett, 10 Punkt.

9. Wählen Sie die erste Seite des Teilekataloges an, und ziehen Sie die in dieser Seite zur Seitenaufteilung erforderlichen waagerechten Linien.

10. Plazieren Sie den Text: Beginnen Sie mit der Kapitelüberschrift. Hierzu verschieben Sie zunächst die Spaltenlinie, da Sie von der Kapitelüberschrift geschnitten wird.

11. Fahren Sie mit der Textplazierung fort: Plazieren Sie den Text zunächst innerhalb des ersten horizontalen Feldes. – Füllen Sie erst die zweite Spalte des Feldes, wechseln Sie dann zur dritten Spalte und füllen Sie diese.

12. Setzen Sie in der zweiten Spalte des zweiten horizontalen Feldes wieder auf. – Füllen Sie diese, und wechseln Sie zur dritten Spalte. Auf diese Weise plazieren Sie nacheinander den gesamten Text eines Kapitels.

13. Schließen Sie den Text linksbündig aus.

14. Formatieren Sie den Kapitelvorspann und den Grundtext mit Helvetica normal, 10 Punkt. Die Artikelnummern und -bezeichnungen mit Helvetica fett, 12 Punkt, die Kapitelüberschrift mit Helvetica fett, 24 Punkt.

15. Plazieren Sie die gescannten Abbildungen.

16. Speichern Sie Ihr Dokument ab.

17. Drucken Sie den Teilekatalog mit dem HP LaserJet aus.

Resümee

Mit Hard- und Software, die wir Ihnen in den Anwendungsstufen 1 bis 3 an Hand unterschiedlichster Anwendungsbeispiele vorgestellt haben, können Sie den größten Teil des betrieblichen Publikationswesens und auch einen erheblichen Anteil von Verlagsproduktionen bewältigen.

Die Aufgaben, die Sie innerhalb der Anwendungsstufen 1 bis 3 nicht erledigen können, gliedern sich wiederum in drei Gruppen.

Gruppe 1. Selbstverständlich werden immer bestimmte Anwendungen bleiben, die höchste Qualität erfordern. Wir wären unseriös, wollten wir Ihnen empfehlen, diese Aufgaben auf dem Wege des Desktop Publishing zu erledigen. Diese Aufgaben gehören in die Fotosetzerei. Dies gilt vor allem wegen der heute immer noch bestehenden Leistungsunterschiede zwischen Laserdruck und Fotosatz. Wir gehen davon aus, daß die durch eine Setzerei zu Erledigenden Aufgaben einen Anteil von 10 % an den Drucksachen eines Unternehmens nicht überschreiten.

Gruppe 2. Mit einem Desktop Publishing-System, wie wir es in den Ausbaustufen 1 bis 3 beschrieben haben, werden sich manche Aufgaben nicht erledigen lassen, weil Sie einen besonderen Zeichensatz oder eine besondere Positionierungsgenauigkeit und -leichtigkeit erfordern, die auch in den Programmen der Anwendungsstufe 3 nicht zur Verfügung stehen. Besondere Zeichensätze erfordern fremdsprachliche Satzarbeiten. Besondere Zeichensätze und eine spezielle Positionierungsgenauigleit und -leichtigkeit erfordert der Satz wissenschaftlicher Formeln, sei es mathematischer oder chemischer Art. Anforderungen ganz eigener Art ergeben sich, wenn Formulare gesetzt werden sollen. Ein erheblicher Teil der fremdsprachlichen Arbeiten und ebenso ein allerdings geringerer Teil der mathematischen Arbeiten läßt sich mit Ventura Publisher aufgrund des umfangreichen Ventura-Zeichensatzes erledigen. Auch Formulare lassen sich mit Ventura Publisher sehr gut setzen. Wir behandeln den fremdsprachlichen und wissenschaftlichen Satz sowie den Formularsatz wegen der besonderen Anforderungen in Teil 3 dieses Buches und gehen in diesem Zusammenhang auch auf die Arbeit mit Ventura Publisher nochmals ein. Damit fällen wir über dieses Programm das Urteil, daß es von seiner Leistungsstärke in diesen über Anwendungsstufe 3 hinausgehenden Bereich hineinreicht. Neben Ventura Publisher gehen wir in Teil 3 insbesondere auf Programme ein, die speziell für den wissenschaftlichen und fremdsprachlichen Satz sowie für die Erstellung von Formularen konzipiert wurden.

Gruppe 3. Neben den drei Anwendungsbereichen, die wir dem dritten Teil vorbehalten haben, weil wir Sie für typische Anwendungsbereiche des Desktop

Publishing mit dem HP LaserJet halten, existieren natürlich noch eine Vielzahl anderer Spezialanwendungen, die die Verfügung über besondere Techniken der Zeichensatzverwaltung und der Zeichenpositionierung notwendig machen. Erwähnt seien auch Werk- und Layoutsatzarbeiten, die eine größere Schriftenvielfalt voraussetzen, als sie bislang für Laserdrucker zur Verfügung steht. Weiterhin der ganze Bereich des Zeitungssatzes, der Satzysteme erfordert, die Ganzseitengestaltung von Zeitungsseiten und die Verwaltung regional unterschiedlicher Ausgaben der gleichen Zeitungsnummer bewältigen. Für jene Anwendungsbereiche, die besondere Zeichensätze erfordern, existieren natürlich nicht ebensoviele besondere, speziell auf sie zugeschnittene Programme, wie das beispielsweise im wissenschaftlichen Bereich der Fall ist. Es müssen daher komplexere und natürlich auch teurere Programme zum Einsatz kommen, die aufgrund ihrer Leistungsvielfalt vielen Spezialbereichen gerecht werden. Für den Zeitungssatz existieren spezielle Zeitungssatzsysteme, mit denen sowohl die redaktionelle Arbeit als auch die Produktion erledigt werden können. Diese Systeme unterstützen ebenso wie Layout- und Werksatzsysteme (für Satz und Umbruch von Büchern) eine Vielzahl von Fotosatzschriften.

Für alle hier genannten Bereiche sind auch Satzprogramme erhältlich, die für den Einsatz auf Personalcomputern unter MS-DOS programmiert wurden.

Teil 3 - Spezielle Anwendungen

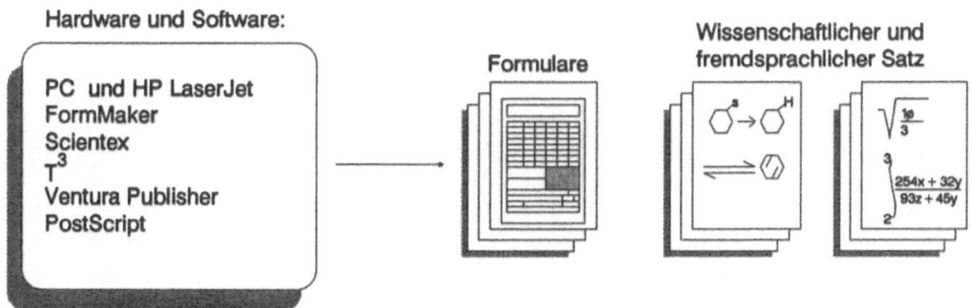

Leistungsmerkmale:

In diesem Teil des Buches stellen wir Anwendungsbeispiele vor, die einen Ausbau des Desktop Publishing-Systems durch zusätzliche Software unbedingt erforderlich machen. Es sind dies Werksatz, (Satz- und Umbruch von Büchern), Formularsatz, wissenschaftlicher und fremdsprachlicher Satz.

Hardware-Konfiguration:

HP Vectra oder anderer AT-kompatibler Personalcomputer mit Hercules- oder EGA-Grafikkarte und 20 MB Festplatte.
HP LaserJet mit Softfonts Times und Helvetica in Schriftgrößen von 6 bis 30 Punkt.
HP ScanJet sowie Zusatzkarte und Software HP Scanning Gallery für den Vectra PC.

Anwendungsfälle

Komplette Publikationen mit mehrspaltigen Texten, die durch frei gezeichnete Grafiken, Businessgrafiken und gescannte Abbildungen illustriert werden müssen. Insbesondere Formulare und Publikationen, die an Zeichensätze und

Positionierungsgenauigkeit besondere Anforderungen stellen, wie fremdsprachliche Publikationen und Publikationen, die wissenschaftliche Formeln
und grafische Darstellungen numerischer Ergebnisse enthalten.

Also: Geschäftsformulare wie Bestellisten, etc., technische und naturwis-
senschaftliche Berichte und Bücher, sprachwissenschaftliche oder sonstige
Berichte und Bücher mit fremdsprachlichen Texten.

Werksatz

Satz und Umbruch von Bücher stellen an die Software besondere Anforderungen. Die wichtigen erforderlichen Funktionen sind: automatischer Seitenumbruch, automatische Paginierung, Erstellung von Kolumnentiteln, Verwaltung von Fußnoten, Verwaltung von Abbildungsnummern, Erstellen von Indizes und Inhaltsverzeichnissen.

Software:

Layout- und Umbruchprogramm Ventura Publisher,

Textverarbeitungsprogramm Multimate,

Graphikprogramm GEM Draw

oder

eine andere Zusammenstellung aus dem Umkreis der von Ventura Publisher unterstützen Software.

Alternativ dazu:

ein anderes Programm, das den Anforderungen des Werksatzes genügt.

Ein Buch und seine Bestandteile

Als Beispiel dienen uns einige unter formalen Gesichtspunkten wesentliche Bestandteile eines kulturhistorischen Werkes über die Antike Tierwelt. Wir setzen die entsprechenden Seiten mit Ventura Publisher originalgetreu nach, um Ihnen die Leistungsfähigkeit von Ventura Publisher zu demonstrieren. Der Originalvorlage folgen wir nahezu vollständig. Ausnahmen hiervon: Statt der im Original verwendeten serifenbetonten Schriften verwenden wir Times fett und normal. Die Fußnoten sind im Original am Ende des Werkes angeordnet. Mit Ventura Publisher kann eine automatische Fußnotenverwaltung nur bei Anordnung der Fußnoten am Seiten- oder am Kapitelende erfolgen. Sollen die Fußnoten am Werkende stehen können Sie in Microsoft Word erzeugt werden und in einer separaten Datei zusammengefaßt werden. Aus dem Werk zeigen wir: eine Seite des Inhaltsverzeichnisses, eine rechte und eine linke Textseite mit Abbildungen, eine Seite des Registers.

Leuchtkäfer.

»Die Leuchtkäfer, *lampirydes* (Plin. Hesych. Artemidor), sagt Plinius
(XI 98), leuchten des Nachts wie Feuer, an den Seiten und am Hinterteil, wenn sie die Flügel ausbreiten; legen sie dieselben zusammen, so
bedecken sie ihr Licht.« Tatsächlich leuchten sämtliche italische
Leuchtkäfer nur dann, wenn die Flügel gehoben sind, da Männchen und
Weibchen Flügel besitzen. Bei unsern deutschen leuchten die Weibchen
immerfort, weil sie flügellos sind (Lenz), ebenso die Larven. Der
eigentliche römische Name *cicindela*, den auch Plinius am anderen Orte
gebraucht, Kommt von *candere* glänzen: da unruhige Flackern des
herumfliegenden Insekts wird durch die Reduplikation gemalt. Wenn
sich im Sommer das abendliche Leuchten der Johanniswürmchen
einstellte, so war es für den römische Landmann ein wichtiges Signal: es
zeigte ihm an, daß die Gerste reif sei und die Zeit gekommen zum Säen
von gewöhnlicher (milium) und Kolbenhirse (panicum); und Plinius
preist bei diesem Anlaß die wunderbare Güte der Natur (XVII 250),
daß sie uns Menschen solche nützliche Winke gibt.

Wegen des Leuchtapparats am Hinterteil heißt das Insekt bei Aristoteles (ed. Dittmeyer) und bei Aristophanes von Byzanz *Pygolampis* [
früher las man πυπολαηπις] d. i. mit dem Hinterteil leuchtend.
Während nach Hesychios p. 960 die *Lampyris* ein Tierchen ist, das aus
dem Reisig entsteht, entwickeln sich nach Aristophanes (Byz.) die
Leuchtkäfer aus den Raupen auf den Erbsen (επεβινθοι) und aus den
Pygolampides wiederum gehen die sogenannten Locken, βόστρυχοι hervor (II p. 22R.). Plinius und Placidus erklären die cicindelae für ein Art
Käfer (*scarabaei*), die während des Fliegens leuchten, Festus aber für
eine Art Fliegen (*muscae*). Hildegardis nennt den Glühwurm glimus.

Holzbock.

Der wird von Aristoteles als Insekt mit Hörnern (Antennen) vor
den Augen angeführt; seine Larve, καραμβιος lebt in vertrocknetem
Holze. Es kann der Holzbock, *Cerambyx* sein mit seinen auffallend langen Antennen (Aubert-Wimmer u. a.). Er heißt auch *kerambyx* (Nikand.,
Antonin. Lib.); seine langen Antennen faßte man als Hörner auf und
machte volksetymologisch aus *karambyx kerambyx*. Sein lautes Zirpen
suchten die Landleute auszunützen, indem sie ihn an die Ölbäume
festbanden, um die schädlichen Kanthariden fernzuhalten.

Abb. 55 Linke Seite eines Buches, erstellt mit Ventura Publisher und HP ScanJet. Quelle von
Text und Bildern: Otto Keller, Die Antike Tierwelt.

Der Maikäfer.

Unter dem Käfer *fullo* d. h. Gerber des Plinius, XXX 100 versteht man gewöhnlich, ich denke mit Recht, die große weißgetupfte Maikäferart *Melontha fullo*, abgebildet bei Brehm[2] IX 85. Er hat nach Plinius weiße Tropfen, albas guttas und gehört zu den scarabaei. Die Magier rieten ihn zu zerschneiden und die Teile an beiden Armen festzubinden.

Der gemeine Mistkäfer.

Die μηλολόνθη des Aristoteles pflegt man als Mai- oder Goldkäfer auszulegen. Da sich jedoch die Larven im Kot von Eseln und Rindern aufhalten und auch nach Aristophanes von Byzanz die μηλολονθαί und die κανθαροι aus dem Mist entstehen, kann es keiner von beiden sein. Als Apfelverderber wird das Wort — viel zu modern — von Prellwitz etymologisiert, es heißt vielmehr Schafkotkäfer. Bei Aristophanes (Wolken 761) lassen die Kinder den Käfer an einem Faden fliegen. Auch das kann auf den gewöhnlichen Mistkäfer bezogen werden. Der Scholiast zu Aristophanes spricht von einem goldglänzenden Käfer, der dem κανθαρος ähnlich sehe[395a], aber wer weiß, ob der Scholiast recht hat?

Der heilige Mistkäfer, Atheuchus sacer.

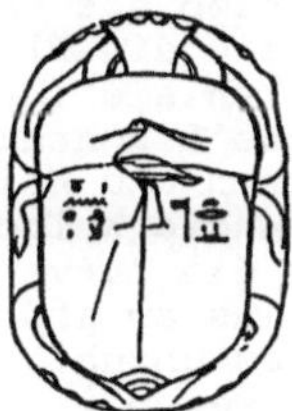

Fig. 126. Ägyptischer heiliger Käfer (Wilkinson).

Kulturgeschichtlich von enormen Wert für Religion, Kunst, Tierfabel, Symbolik ist der große Mistkäfer geworden, der allbekannte *Scarabaeus*, ägyptisch *chopirru*, griechisch κανθαρος, das Sinnbild des Weltschöpfers, weil aus der Kugel, die er zur Hülle seiner Eier formt, eine lebendige Schöpfung sich entwickelt. Plinius sagt (XI 98): «Gewisse Käfer (*scarabaei*) machen aus nichts ungeheure Bälle, rollen sie rückwärts mit den Füßen fort und legen kleine Würmchen, *vermiculus*, [richtiger Eier] hinein, aus welchen neue Käfer ihrer Art entstehen sol-

Abb. 56　Rechte Seite eines Buches, erstellt mit Ventura Publisher und HP ScanJet. Quelle von Text und Bildern Otto Keller, Die Antike Tierwelt.

@BODY4A = Der Maikäfer.
@BODY7 = Unter dem Käfer fullo d. h. Gerber des Plinius, XXX 100
versteht man gewöhnlich, ich denke mit Recht, die gro<217>e
wei<217>getupfte Maikäferart Melontha fullo, abgebildet bei Brehm[2]
IX 85. Er hat nach Plinius wei<217>e Tropfen, albas guttas und
gehört zu den scarabaei. Die Magier rieten ihn zu zerschneiden und
die Teile an beiden Armen festzubinden.
@BODY4A = Der gemeine Mistkäfer.
@BODY7 = Die <F128M>mhlol<F255>ó<F128>nqh<F255D> des Aristoteles
pflegt man als Mai- oder Goldkäfer auszulegen. Da sich jedoch die
Larven im Kot von Eseln und Rindern aufhalten und auch nach
Aristophanes von Byzanz die <F128M>mhlolonqa<F255>i und die
<F128>kanqaroi<F255> aus dem Mist entstehen, kann es keiner von
beiden sein. Als Apfelverderber wird das Wort <197> viel zu modern
<197> von Prellwitz etymologisiert, es hei<217>t vielmehr
Schafkotkäfer. Bei Aristophanes (Wolken 761) lassen die Kinder den
Käfer an einem Faden fliegen. Auch das kann auf den gewöhnlichen
Mistkäfer bezogen werden. Der Scholiast zu Aristophanes spricht
von einem goldglänzenden Käfer, der dem <F128M>kanqaroV<F255D>
ähnlich sehe[395a], aber wer wei<217>, ob der Scholiast recht hat?
@BODY4A = Der heilige Mistkäfer, Atheuchus sacer.
@BODY7 = Kulturgeschichtkich von enormen Wert für Religion, Kunst,
Tierfabel, Symbolik ist der gro<217>e Mistkäfer geworden, der
allbekannte Scarabaeus, ägyptisch chopirru, griechisch
<F128M>kanqaroV<F255D>, das Sinnbild des Weltschöpfers, weil aus
der Kugel, die er zur Hülle seiner Eier formt, eine lebendige
Schöpfung sich entwickelt. Plinius sagt (XI 98): <174>Gewisse
Käfer (scarabaei) machen aus nichts ungeheure Bälle, rollen sie
rückwärts mit den Fü<217>en fort und legen kleine Würmchen,
vermiculus, [richtiger Eier] hinein, aus welchen neue Käfer ihrer
Art entstehen solchen
@BODY4A = Leuchtkäfer.
@BODY7 = <175>Die Leuchtkäfer, lampirydes (Plin. Hesych.
Artemidor), sagt Plinius (XI 98), leuchten des Nachts wie Feuer,
an den Seiten und am Hinterteil, wenn sie die Flügel ausbreiten;
legen sie dieselben zusammen, so bedecken sie ihr Licht.<174>
Tatsächlich leuchten sämtliche italische Leuchtkäfer nur dann,
wenn die Flügel gehoben sind, da Männchen und Weibchen Flügel
besitzen. Bei unsern deutschen leuchten die Weibchen immerfort,
weil sie flügellos sind (Lenz), ebenso die Larven. Der eigentliche
römische Name cicindela, den auch Plinius am anderen Orte
gebraucht, Kommt von candere glänzen: as unruhige Flackern des
herumfliegenden Insekts wird durch die Reduplikation gemalt. Wenn
sich im Sommer das abendliche Leuchten der Johanniswürmchen
einstellte, so war es für den römische Landmann ein wichtiges
Signal: es zeigte ihm an, da<217> die Gerste reiif sei und die
Zeit gekommen zum Säen von gewöhnlicher (milium) und Kolbenhirse
(panicum); und Plinius preist bei diesem Anla<217> die wunderbare
Güte der Natur (XVII 250), da<217> sie uns Menschen solche
nützliche Winke gibt.
@BODY7 = Wegen des Leuchtapparats am Hinterteil hei<217>t das
Insekt bei Aristoteles (ed. Dittmeyer) und bei Aristophanes von
Byzanz Pygolampis [früher las man <F128M>pupolahpiV<F255D>] d. i.
mit dem Hinterteil leuchtend. Während nach Hesychios p. 960 die
Lampyris ein Tierchen ist, das aus dem Reisig entsteht, entwickeln
sich nach Aristophanes (Byz.) die Leuchtkäfer aus den Raupen auf
den Erbsen (<F128M>epeBinqoi<F255D>) und aus den Pygolampides
wiederum gehen die sogenannten Locken,
<F128M>b<F255D>ó<F128M>strucoi<F255D> hervor (II p. 22R.). Plinius

Abb. 57   Seite des Buches in MS-Word.

Abb. 58   Eine Seite aus dem Inhaltsverzeichnis des Buches.

Abb. 59   Eine Seite aus dem Index des Buches.

Verwendete Software. Textverarbeitungsprogramm Microsoft Word und Umbruchprogramm Ventura Publisher, HP Scanning Gallery.

Arbeitsorganisation. Die Abbildung wird mit dem HP ScanJet eingelesen. Der Text wird in MS Word erfaßt und mit Formataufrufen versehen. Das Werk wird kapitelweise im Ventura Publisher umbrochen. Dabei werden für die Abbildungen Rahmen gezogen und die Abbildungen in diese Rahmen plaziert. Ventura Publisher verwaltet Abbildungen, Fußnoten, Inhaltsverzeichnis und Index. Nach dem Umbruch werden die Kapitel in einer Publikation zusammengefaßt, Index und Inhaltsverzeichnis automatisch erstellt und anschließend formatiert.

Vorgehensweise:

1. **Geben Sie die grundlegenden Layoutfestlegungen im Befehlsmenü Seite, Dialogfenster Seitenlayout ein (A4, Hochformat, doppelseitig, Beginn mit rechter Seite).**

2. **Definieren Sie den Satzspiegel über die Einstellung der Ränder des Seitenrahmens. (Befehlsmenü Rahmen, Dialogfenster Ränder & Spalten)**

3. **Definieren Sie den Seitenkopf über das Befehlsmenü Seite, Dialogfenster Kopf- und Fußzeilen jeweils getrennt für rechte und linke Seite.**

4. **Schalten Sie die Kopfzeile ein.**

5. **Definieren Sie die Attribute des Formates Z_Kopf.**

6. **Legen Sie die Position der Kopfzeile über Ränder & Spalten des Kopfzeilenrahmens fest.**

7. **Fußnotenformate definieren Sie über Befehlsmenü Seite, Dialogfenster Fußnotenformat. Sie können kapitel- und seitenweise angeordnet werden.**

8. **Weitere Attribute des Fußnotenformates ordnen Sie den Absatzformaten Z_FNOT und Z_FNOT ENTRY zu.**

9. **Geben Sie im Befehlsmenü Seite, Dialogfenster Absatzumbruch für Beginn und Ende als Anzahl isolierter Zeilen jeweils 2 ein.**

10. **Erzeugen Sie die Absatzformate für die Textseiten.**

   Für die von uns abgebildeten Textseiten benötigen Sie 2 Absatzformate, jeweils eines für die Überschriften und eines für den Grundtext. Das gesamte Werk enthält aber zusätzliche Formate. So treten beispielsweise auf: Überschriften der ersten, zweiten und dritten Ordnung sowie tabellerisch gesetzte Übersichten einzelner Tierarten.

11. **Erfassen Sie den Text kapitelweise in MS Word. Geben Sie für Überschriften, Grundtext, etc. die Absatzformataufrufe mit ein. Auch die in den Index aufzunehmenden Stichworte sowie die Fußnoten können unter Verwendung der entsprechenden Ventura Publisher-Formate bereits bei der Texterfassung an der entsprechenden Textstelle miteingegeben werden.**

12. **Scannen Sie die Abbildungen ein, und speichern Sie sie auf Disketten, da sie sehr viel Speicherplatz verbrauchen.**

13. **Laden Sie den Text kapitelweise in Ventura Publisher-Kapiteldateien. Überprüfen und korrigieren Sie die Textformatierung, erstellen Sie Rahmen für Abbildungen und lesen Sie die Abbildungen ein.**

14. **Fügen Sie die griechischen Ausdrücke unter Verwendung des Ventura-Symbol-Zeichensatzes hinzu.**

15. **Überprüfen Sie die Absatzformatierung, und nehmen Sie eventuelle Korrekturen vor.**

16. **Überprüfen Sie den Seitenumbruch, und nehmen Sie eventuell Korrekturen vor, falls am Seitenende zu große Leerräume entstehen oder zwei isolierte Zeilen nicht zu einem ästhetischen Resultat führen.**

17. **Geben Sie im Befehlsmenü Seite, Dialogfenster Seitenzähler die Angaben zur Paginierung ein.**

18. **Nach Fertigstellung eines Kapitels fertigen Sie einen Probeausdruck an und legen eine Korrekturphase für dieses Kapitel ein.**

19. **Nach Fertigstellung des Umbruchs fassen Sie alle Kapitel in einer Publikationsdatei zusammen.**

20. **Lassen Sie Ventura Publisher einen Index und ein Inhaltsverzeichnis erzeugen.**

21. **Falls Sie für die Textseiten sehr viele Absatzformate benötigt haben, legen Sie für die Absatzformate des Inhaltsverzeichnisses und des Indexes eine neue Layoutvorlage an.**

22. **Laden Sie die Kapiteldatei des Indexes, und formatieren Sie diese.**

23. **Laden Sie die Kapiteldatei des Inhaltsverzeichnisses, und formatieren Sie dieses.**

24. **Drucken Sie das komplette Werk mit dem HP LaserJet aus.**

Wissenschaftlicher Satz

Die Anforderungen des wissenschaftlichen Satzes liegen in der Verfügung über besondere Zeichensätze, die der wissenschaftlichen Formelsprache genügen, und in der Positioniergenauigkeit.

Software:

Textverarbeitungsprogramm T^3 für Layout- und Umbruch von Satzarbeiten mit wissenschaftlichen Formeln und fremdsprachlichen Texten,

entsprechende Grafiksoftware.

Alternativ dazu:

wissenschaftliches Textverarbeitungsprogramm Scientex Publisher,

entsprechende Grafiksoftware

oder

ein anderes wissenschaftliches Textverarbeitungsprogramm.

Ein astronomischer Aufsatz

Unser Beispiel stammt aus der 1940 in deutscher und englischer Sprache bei Einar Munksgaard in Kopenhagen erschienenen Festschrift für Elis Strömgren - "Astronomical Papers Dedicated To Elis Strömgren". Es handelt sich um den Aufsatz "Über Bewegungsformen in Globular Clusters" von Carl Heuman. Der Aufsatz wurde mit dem wissenschaftlichen Textverarbeitungsprogramm Scientex nachgesetzt.*)

Verwendete Software. Wissenschaftliches Textverarbeitungs- und Layoutprogramm Scientex der Firma Midas GmbH, Frankfurt.

Arbeitsorganisation. Text und Formeln wurden mit Scientex erfaßt. Häufig wiederkehrende Elemente wurden dabei in Makros abgespeichert. Dadurch vereinfacht sich der Aufbau komplizierter Formeln erheblich. Für den Ausdruck mit dem HP LaserJet wurden die mit Scientex gelieferten Zeichensätze verwendet.

---

*) Wir danken Frau Sührig bei der Firma Midas GmbH, Frankfurt, die auf unseren Wunsch eine Seite aus den Astronomical Papers mit Scientex nachgesetzt hat.

UEBER BEWEGUNGSFORMEN IN GLOBULAR CLUSTERS 101

Die Beziehung (46) schreiben wir $z = z_1 \omega$, wo $\omega = 1 - p \sin^2 \phi$ und

$$p = \frac{z_1 - z_2}{z_1}. \tag{57}$$

Daraus ergibt sich

$$\frac{q_1 z_1^2}{\sqrt{2} \, \mathrm{N}} \cdot \frac{dt}{d\phi} = \frac{a}{b} \cdot \frac{1}{\omega^2 \Delta\phi} \, .$$

Jetzt verwenden wir die in § 3 bewiesene Reduktionsformel und erhalten dann, mit den in (42) und (43) angegebenen Bezeichnungen,

$$\frac{\sqrt{2}}{\mathrm{N}} \, q_1 z_1^2 \, a_0 \frac{dt}{d\phi} = \frac{a}{b} \left\{ \frac{a_1}{\omega \Delta\phi} - p\Delta\phi + \frac{p - k^2}{\Delta\phi} + p^2 \frac{dU}{d\phi} \right\}.$$

Aus (57) und (47) bekommen wir

$$p = \frac{q_1^2 k^2}{z_1 \mathrm{N}^2}, \quad p - k^2 = \frac{\mathrm{M} \, k^2}{z_1 \mathrm{N}^2}, \quad 1 - p = \frac{z_2}{z_1}, \tag{58}$$

somit ist auch jetzt $k^2 \leqq p \leqq 1$. Bei der Integration können wir daher $\Pi(a, p, \phi)$ mit $\mathrm{Q}^{-1} \Lambda(a, \beta, \phi)$ ersetzen, wo Q und β durch (35) und (36) bestimmt sind. Indem ϕ, t und U gleichzeitig Null werden, ergibt sich

$$\mathrm{H} t = \frac{a}{b} \left\{ \Lambda(a, \beta, \phi) - \frac{p\mathrm{Q}}{a_1} E(a, \phi) + \frac{(p - k^2)\,\mathrm{Q}}{a_1} F(a, \phi) + \frac{p^2 \mathrm{Q}}{a_1} U \right\},$$

$$\mathrm{H} = \frac{\sqrt{2}}{\mathrm{N} \, a_1} q_1 z_1^2 a_0 \mathrm{Q}.$$

Für $\phi = \pi/2$ wird $t = \tfrac{1}{4} T$ und $U = 0$. Setzen wir

$$\frac{2\pi a}{b} = T_0, \tag{59}$$

erhalten wir dann

$$\mathrm{H} T = T_0 \left\{ \Lambda_0(a, \beta) - \frac{p\mathrm{Q}}{a_1} E_0(a) + \frac{(p - k^2)\,\mathrm{Q}}{a_1} F_0(a) \right\}.$$

Aus (58), (35) und (43) berechnet sich

$$\mathrm{Q} = \frac{\mathrm{N} \sqrt{h}}{z_1 q_1}, \quad a_0 = -\frac{h k^2}{z_1^3}, \quad a_1 = -\frac{k^2}{z_1^2}, \quad \mathrm{H} = \sqrt{2 h^3},$$

Abb. 60 Originalseite aus "Astronomical Papers".

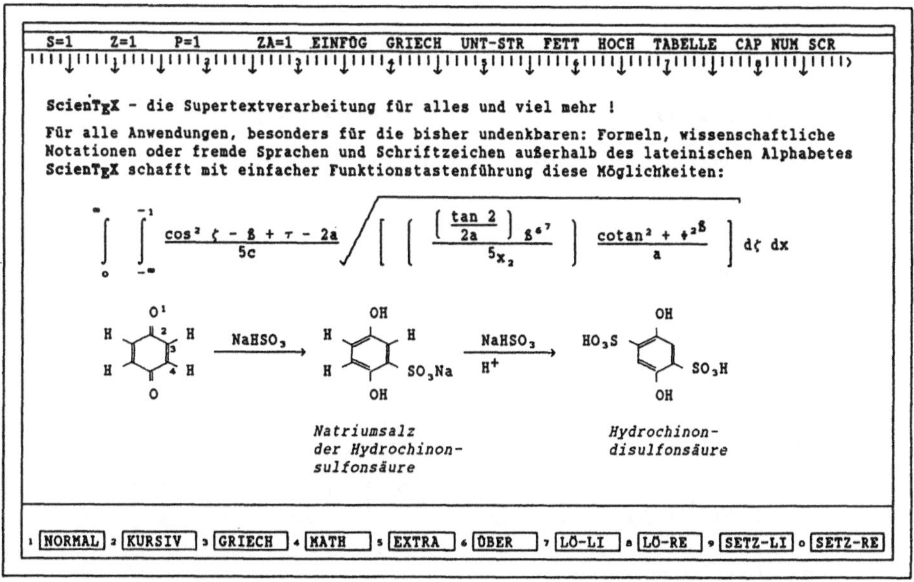

Abb. 60 a Darstellung mathematischer und chem. Formeln in Scientex. Abb. Midas GmbH.

Vorgehensweise:

1. **Gestalten Sie das Seitenformat. Im Kommandomenü drücken Sie Funktionstaste F9. Nun bestimmen Sie mit F1 die Blattbreite, mit F2 die Blatthöhe, mit F3 den linken Rand, mit F4 den rechten Rand, mit F5 den oberen Rand, mit F6 den unteren Rand. Mit F10 sichern Sie Ihre Einstellungen und kehren zum Kommandomenü zurück.**

2. **Stellen Sie für die Texterfassung grundsätzlich Blocksatz ein. Die Formeln zentrieren Sie allerdings zur Mitte.**

3. **Erfassen Sie für alle sich wiederholenden Bedienungsabläufe Makros, die Sie später mit einer Taste abrufen können. Dies gilt beispielsweise für den Sprung in die Zeile oberhalb eines Bruchstriches, für den Sprung in die Zeile unterhalb eines Bruchstriches, für eine Wurzel mit einzeiliger Formel unterhalb des Wurzelzeichens, für eine über drei Zeilen reichende geschweifte Klammer, etc.**

4. **Erfassen Sie zunächst den Seitenkopf mit der Pagina.**

5. **Erfassen Sie alle Textbestandteile einer Seite mit der Standardtastatur, und ordnen Sie dem Text die Schriftattribute Times, 10 Punkt und Normal zu.**

UEBER BEWEGUNGSFORMEN IN GLOBULAR CLUSTERS   **101**

Die Beziehung (46) schreiben wir $z = z_1 \omega$, wo $\omega = 1 - \rho \sin^2 \phi$ und

$$p = \frac{z_1 - z_2}{z_1} \, . \tag{57}$$

Daraus ergibt sich

$$\frac{q_1 z_1^2}{\sqrt{2N}} \cdot \frac{dt}{d\phi} = \frac{a}{b} \cdot \frac{1}{\omega^2 \Delta \phi} \, .$$

Jetzt verwenden wir die in § 3 bewiesenen Reduktionsformeln und erhalten dann, mit den in (42) und (43) angegebenen Bezeichnungen,

$$\frac{\sqrt{2}}{N} \, q_1 z_1^{\frac{1}{2}} a_0 \frac{dt}{d\phi} = \frac{a}{b} \left\{ \frac{a_1}{\omega \Delta \phi} - \rho \Delta \phi + \frac{p - k^2}{\Delta \phi} + p^2 \frac{dU}{d\phi} \right\}$$

Aus (57) und (47) bekommen wir

$$p = \frac{q_1^2 k^2}{z_1 N^2}, \, p - k^2 = \frac{M k^2}{z_1 N^2}, 1 - p = \frac{z^2}{z_1}, \tag{58}$$

somit ist auch jetzt $k^2 \leqslant \rho \leqslant 1$. Bei der Integration können wir daher $\Pi(\alpha, \rho, \phi)$ mit $Q^{-1} \Lambda(\alpha, \beta, \phi)$ ersetzen, wo Q und β durch (35) und (36) bestimmt sind. Indem ϕ, t und U gleichzeitig Null werden, ergibt sich

$$H t = \frac{a}{b} \left\{ \Lambda (\alpha, \beta, \phi) - \frac{pQ}{a_1} E (\alpha, \phi) + \frac{(p-k^2)Q}{a_1} F (\alpha, \phi) + \frac{p^2 Q}{a_1} U \right\}$$

Für $\phi = \pi/2$ wird $t = {}^1/_4 T$ und $U = 0$. Setzen wir

$$\frac{2\pi a}{b} = T_0, \tag{59}$$

erhalten wird dann

$$H T = T_0 \left\{ \Lambda_0(\alpha, \beta) - \frac{pQ}{a_1} E_0(\alpha) + \frac{(p-k^2)Q}{a_1} F_0(\alpha) \right\} \, .$$

Aus (58), (35) und (43) berechnet sich

$$Q = \frac{N \sqrt{h}}{z_1 q_1}, \quad a_0 = -\frac{h k^2}{z_1^3}, \quad a_1 = -\frac{k^2}{z_1^2}, \quad H = \sqrt{2h^3},$$

Abb. 61   Mit Scientex nachgesetzte Seite aus "Astronomical Papers".

6. **Schalten Sie auf die mathematische Tastatur, um Formelbestandteile wie Klammern, Operationszeichen, Bruchstriche, etc. zu setzen. Innerhalb des Schreibmenüs erteilen Sie mit der Funktionstaste F2 den Befehl zur Änderung des Zeichensatzes. Erteilen Sie mit der Funktionstaste F4 den Befehl für Neuer Zeichensatz, und wählen Sie den Zeichensatz SCI 10 an. Beim Editieren von Formeln sollten Sie immer mit festem Zeichenabstand arbeiten.**

7. **Griechische Schriftzeichen sind mit der Spezialtastatur für Griechisch zu setzen.**

8. **Die jeweils neben einer Formel stehende Formelnummer setzen Sie mit einem Tabulator an das Zeilenende.**

9. **Speichern Sie Ihren Text, und drucken Sie Ihn mit dem HP LaserJet aus.**

Aufbau einer Formel. Den Aufbau einer Formel mit Scientex erläutern wir an der Formel, die als vorletzte in unserer Beispielseite erscheint. Natürlich wird sich der Aufbau noch erleichtern, wenn Sie auf Makros zurückgreifen, unter denen bestimmte Elemente bereits in Kombination abgelegt sind. Hier wollen wir aber zeigen, wie die einzelnen Bestandteile kombiniert werden müssen:

$$\mathrm{H}\, T = T_0 \left\{ \Lambda_0(\alpha, \beta) - \frac{pQ}{a_1} E_0(\alpha) + \frac{(p-k^2)Q}{a_1} F_0(\alpha) \right\}.$$

Abb. 62 Formel.

Vorgehensweise:

1. **Schreiben Sie H mit dem normalen deutschen Zeichensatz in Times 10 Punkt normal.**

2. **Schalten Sie auf den Schriftstil Kursiv um. Drücken Sie hierzu die Taste F2 im Schreibmenü, anschließend F3 für Stil. Nun können Sie zwischen Normal, Fett und Kursiv wählen.**

3. **Schreiben Sie T.**

4. **Wählen Sie den mathematischen Zeichensatz, und schreiben Sie das Gleichheitszeichen.**

5. **Gehen Sie zurück auf den normalen Zeichensatz, und schreiben Sie die 0 in T_0. Den Index schreiben Sie nach Druck auf die Taste F3 für Tief.**

6.   Gestalten Sie die geschweifte Klammer bei eingeschaltetem mathematischem Zeichensatz. Sie wird aus drei Elementen zusammengesetzt. Das obere Element (Taste W) wird um einen Zeilenvorschub hochgesetzt, das mittlere Element (Taste R) wird auf die Schreibzeile gesetzt, das untere Element (Taste w) wird um einen Zeilenvorschub tiefgestellt.

7.   Erfassen Sie die zwischen den geschweiften Klammern stehenden Formeln. Dabei wenden Sie den normalen, den mathematischen und den griechischen Zeichensatz an. Den Bruchstich schreiben Sie innerhalb der Schreibzeile. Den Text oberhalb des Bruchstriches stellen Sie eine Zeile höher. Den Text unterhalb des Bruchstriches stellen Sie eine Zeile tiefer. Den Text unterhalb der Bruchstriche stellen Sie aber innerhalb der unteren Zeile wiederum 4 Punkt höher (Taste F4 für Hoch und anschließend Taste für Cursor nach oben solange drücken, bis eine Hochstellung von 4 Punkt angezeigt wird).

     Alternativ hierzu können Sie alle Elemente der Formel von der Schreibzeile aus mit den Tasten für Hoch und Tief positionieren. Dies bietet den Vorteil, daß alle Elemente der Grundzeile zugeordnet sind, also beim Löschen oder Einfügen von Zeichen in dieser Zeile entsprechend verschoben werden.

8.   Schließen Sie die geschweifte Klammer. Wählen Sie den mathematischen Zeichensatz an. Das obere Element befindet sich auf der Taste U, das mittlere auf der Taste T, das untere auf der Taste u.

Ein Lehrbuch der Physik

Unser Beispiel stammt aus "L. D. Landau, E. M. Lifschitz, Lehrbuch der Theoretischen Physik, Band 1, Mechanik, Akademie Verlag, Berlin, 1984".*)

Verwendete Software. Wissenschaftliches Textverarbeitungsprogramm T^3

Arbeitsorganisation. Text und Formeln wurden mit T^3 erfaßt, und automatisch umbrochen und paginiert. Häufig wiederkehrende Elemente wurden dabei in Makros abgespeichert. Dadurch vereinfacht sich der Aufbau komplizierter Formeln erheblich. Für den Ausdruck mit dem HP LaserJet wurden die mit T^3 gelieferten Zeichensätze verwendet.

---

*)   Wir danken Herrn Daguhn bei der Firma ADA GmbH, Neuß, der auf unseren Wunsch eine Seite aus dem "Landau-Lifschitz" mit T^3 nachgesetzt hat.

§ 27. Parametrische Resonanz   97

(26,9) schreiben und die untere Integrationsgrenze durch $-\infty$ ersetzen. Dann folgt

$$\int\limits_{-\infty}^{\infty} I(\varepsilon)\, d\varepsilon = \frac{f^2\,\lambda}{4\,m} \int\limits_{-\infty}^{\infty} \frac{d\varepsilon}{\varepsilon^2 + \lambda^2} = \frac{\pi f^2}{4\,m}\ . \tag{26,10}$$

Aufgabe

Bestimme die erzwungenen Schwingungen bei Anwesenheit von Reibung unter der Wirkung der äußeren Kraft $f = f_0\, e^{\alpha t} \cos \gamma\, t$.

Lösung: Wir lösen die Bewegungsgleichung in komplexer Form

$$\ddot{x} + 2\,\lambda\,\dot{x} + \omega_0^2\, x = \frac{f_0}{m}\, e^{\alpha t + i\gamma t}$$

und trennen den Realteil der Lösung ab. Als Resultat erhalten wir die erzwungene Schwingung

$$x = b\, e^{\alpha t} \cos (\gamma\, t + \delta)$$

mit

$$b = \frac{f_0}{m\,\sqrt{(\omega_0^2 + \alpha^2 - \gamma^2 + 2\,\alpha\,\lambda)^2 + 4\,\gamma^2\,(\alpha + \lambda)^2}}\ ,$$

$$\tan \delta = -\frac{2\,\gamma\,(\alpha + \lambda)}{\omega_0^2 - \gamma^2 + \alpha^2 + 2\,\alpha\,\lambda}\ .$$

§ 27.   Parametrische Resonanz

Es gibt nichtabgeschlossene Schwingungssysteme, bei denen die äußere Einwirkung in einer zeitlichen Änderung ihrer Parameter besteht.[1]

Die Parameter eines eindimensionalen Systems sind die Koeffizienten m und k in der LAGRANGE-Funktion (21,3); wenn sie von der Zeit abhängen, lautet die Bewegungsgleichung

$$\frac{d}{dt}(m\,\dot{x}) + k\,x = 0\ . \tag{27,1}$$

Nach Einführung einer neuen unabhängigen Veränderlichen τ statt t durch $d\tau = dt/m(t)$ wird daraus

$$\frac{d^2 x}{d\tau^2} + m\,k\,x = 0\ .$$

Es genügt daher und bedeutet keine Einschränkung der Allgemeinheit, die Bewegungsgleichung in der Form

$$\frac{d^2 x}{dt^2} + \omega^2(t)\, x = 0 \tag{27,2}$$

anzunehmen, die sich aus (27,1) für $m = \text{const}$ ergeben würde.

---

[1] Ein einfaches Beispiel eines solchen Systems ist ein Pendel, dessen Aufhängepunkt eine vorgegebene periodische Bewegung in vertikaler Richtung ausführt (s. Aufgabe 3).

Abb. 63   Originalseite aus Landau/Lifschitz.

§ 27. Parametrische Resonanz   97

(26,9) schreiben und die untere Integralgrenze durch $-\infty$ ersetzen. Dann folgt

$$\int\limits_{-\infty}^{\infty} I(\epsilon)\, d\epsilon = \frac{f^2 \lambda}{4 \cdot m} \int\limits_{\infty}^{\infty} \frac{d\epsilon}{\epsilon^2 + \lambda^2} = \frac{\pi \cdot f^2}{4m} \qquad (26,10)$$

Aufgabe

Bestimme die erzwungenen Schwingungen bei Anwesenheit von Reibung unter der Wirkung der äußeren Kraft $f = f_0 \cdot e^{\alpha t} \cdot \cos \gamma t$.

Lösung: Wir lösen die Benwegungsgleichung in komplexer Form

$$\ddot{x} + 2 \cdot \lambda \cdot \dot{x} + \omega_0^2 x = \frac{f_0}{m} \cdot e^{\alpha t + \iota \gamma t}$$

und trennen den Realteil der Lösung ab. Als Resultat erhalten wir die erzwungene Schwingung

$$x = b \cdot e^{\alpha t} \cdot \cos (\gamma \cdot t + \delta)$$

mit

$$b = \frac{f_0}{\sqrt{(\omega_0^2 + \alpha^2 - \gamma^2 + 2 \cdot \alpha \cdot \lambda)^2 + 4 \cdot \gamma^2 (\alpha + \lambda)^2}},$$

$$\tan \delta = - \frac{2 \cdot \gamma (\alpha + \lambda)}{\omega_0^2 - \gamma^2 + \alpha^2 + 2 \cdot \alpha \cdot \gamma}.$$

§ 27.   Parametrische Resonanz

Es gibt nichtabgeschlossene Schwingungssysteme, bei denen die äußere Einwirkung in einer zeitlichen Änderung ihrer Parameter besteht.[1]

Die Parameter eines eindimensionalen Systems sind die Koeffizienten m und k in der LANGRANGE–Funktion (21,3); wenn sie von der Zeit abhängen, lautet die Bewegungsgleichung

$$\frac{d}{dt}(m \cdot \dot{x}) + k \cdot x = 0 \qquad (27,1)$$

Nach Einführung einer neuen unabhängigen Veränderlichen τ statt t durch $d\tau = dt/m(t)$ wird daraus

$$\frac{d^2 x}{d\tau^2} + m \cdot k \cdot x = 0.$$

Es genügt daher und bedeutet keine Einschränkung der Allgemeinheit, die Bewegungsgleichung in der Form

$$\frac{d^2 x}{dt^2} + \omega^2(t) x = 0 \qquad (27,2)$$

anzunehmen, die sich aus (27,1) für m = const ergeben würde.

---

[1] Ein einfaches Beispiel eines solchen Systems ist ein Pendel, dessen Aufhängepunkt eine vorgegebene periodische Bewegung in vertikaler Richtung ausführt (s. Aufgabe 3).

Abb. 64   Mit T^3 nachgesetzte Seite aus Landau/Lifschitz.

Vorgehensweise:

1. **Gestalten Sie das Seitenformat. Bestimmen Sie Höhe und Breite Ihrer Seite sowie linken, rechten, oberen und unteren Rand.**

2. **Stellen Sie für die Texterfassung grundsätzlich Blocksatz ein. Die Formeln zentrieren Sie allerdings zur Mitte.**

3. **Gestalten Sie den Kolumnentitel mit der Funktion Kopfzeile und lassen Sie die Seiten automatisch paginieren.**

4. **Erfassen Sie für alle sich wiederholenden Bedienungsabläufe Makros, die Sie später mit einer Taste abrufen können. Dies gilt beispielsweise für den Sprung in die Zeile oberhalb eines Bruchstriches, für den Sprung in die Zeile unterhalb eines Bruchstriches, für eine Wurzel mit einzeiliger Formel unterhalb des Wurzelzeichens, für eine über drei Zeilen reichende geschweifte Klammer, etc.**

5. **Erfassung aller Textbestandteile einer Seite.**

6. **Wählen Sie die Mathematik-Tastatur, um Formelbestandteile wie Klammern, Operationszeichen, Bruchstriche, und griechische Buchstaben zu setzen. Die mathematische Tastaturbelegung aktivieren Sie mit der ALT-Taste. Diese Taste wird niedergehalten während Sie das gewünschte Zeichen anschlagen, ganz so wie Sie die Shift-Taste niederhalten, wenn Sie einen Großbuchstaben schreiben. Hoch- und Tiefstellungen innerhalb von Formeln nehmen Sie mittels der Taste PgUp und PgDn vor, die die Schreibposition jeweils um eine Halbzeile nach oben oder unten verschieben.**

7. **Die jeweils neben einer Formel stehende Formelnummer setzen Sie mit einem Tabulator an das Zeilenende.**

8. **Speichern Sie Ihren Text und drucken Sie Ihn mit dem HP-LaserJet aus.**

Aufbau einer Formel. Um Ihnen die Arbeitsweise mit T^3 zu verdeutlichen, zeigen wir an den ersten Tastenanschlägen zur Gestaltung der Formel (26,10) wie bei der Eingabe von Formeln vorzugehen ist. Dabei berücksichtigen wir keine Makros, die eventuell vorher erstellt wurden, um die Erfassung der Formeln zu vereinfachen:

$$\int_{-\infty}^{\infty} I(\epsilon)\, d\epsilon = \frac{f^2\,\lambda}{4\cdot m} \int_{\infty}^{\infty} \frac{d\epsilon}{\epsilon^2 + \lambda^2} = \frac{\pi \cdot f^2}{4m} \qquad (26,10)$$

Abb. 65 Formel (26, 10). Siehe auch Abb. 63 u. 64.

Vorgehensweise:

1. **Fahren Sie mittels Taste**

   `Pg Dn`

   eine halbe Zeile herunter.

2. **Durch Anschlag der Tastenkombination.**

   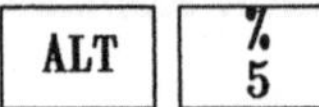

   setzen Sie den unteren Integralbogen.

3. **Fahren Sie mittels Taste**

   `Pg Dn`

   eine weitere halbe Zeile herunter.

4. **Fahren Sie mittels Taste**

   `4 ←`

   ein Zeichen zurück, um unter den unteren Bogen des Integral-zeichens zu gelangen.

5. **Geben Sie in der gewohnten Weise ein Minuszeichen ein, und set-zen Sie mittels der Tastenkombination.**

   `ALT` `Shift` `I`

   das Zeichen für Unendlich.

6. **Fahren Sie mit der Taste**

   `4 ←`

   eine Spalte zurück und durch viermaliges Anschlagen der Taste

   `Pg Up`

   um vier Halbzeilen hoch.

7. **Setzen Sie mit der Tastenkombination**

   `ALT` `§ 3`

   den oberen Intergralbogen.

   . . .

Formularsatz

Formulare sind im Geschäftsleben und im technischen Bereich allgegenwärtig. Sie dienen der systematischen Erfassung und Übermittlung von Informationen für unterschiedliche kommerzielle und technische Aufgaben. Die besonderen Anforderungen sind: Positionierung von Linien beliebiger Stärke, Auslegen von Feldern mit Rastern, Definition von Datenfeldern, Satz von Firmenlogos.

Software:

FormMaker zur Gestaltung von Formularen und zur Ausgabe von Daten aus anderen Programmen in gestalteten Formularen.

Alternativ dazu:

ein anderes Formularsatzprogramm unter MS-DOS.

Oder

andere Satzprogramme für spezielle Anforderungen unter dem Betriebssystem MS-DOS mit entsprechender Textverarbeitungs- und Grafiksoftware.

Ein Auftragsformular

Als Beispiel zeigen wir ein Auftragsformular, in das Auftragsnummer, Name des Verkäufers, des Kunden sowie Quantitäten, Artikel und Preise eingetragen werden können.

Verwendete Software. Das Formular wird mit dem Programm FormMaker und HP Softfonts gesetzt.

Arbeitsorganisation. Wird mit Softfonts gearbeitet, müssen diese in das FormMaker-Verzeichnis FM2 kopiert werden. Wir arbeiten mit einer Fontcartridge. Die Fontcartridge muß in einen Slot des HP LaserJet eingesteckt werden. Dabei muß der HP LaserJet auf Offline geschaltet sein. Beim Starten des Programms FormMaker ist anzugeben, mit welchen Fonts gearbeitet werden soll. Das Formular wird im Bildschirm gestaltet und durch Drücken der Taste PrintScreen ausgedruckt. Neben der Gestaltung von Formularen bietet FormMaker die Möglichkeit definierte Felder derselben mit Daten aus anderen Programmen wie beispielsweise Textverarbeitungsprogrammen und Datenbanken auszufüllen. Formular und Inhalt können gemeinsam mit dem HP LaserJet ausgedruckt werden.

NAME DER FIRMA

Anschrift der Firma
Strasse PLZ Stadt

Lieferauftrag
No. _________

VERTRETER

LIEFERN AN:

ANZAHL	ARTIKEL	PREIS
	SUMME	

Abb. 66   Ein Auftragsformular, erstellt mit FormMaker.

Vorgehensweise:

1. **Starten Sie das Programm FormMaker.**

2. **Überprüfen Sie in der Eingabemaske die Angaben für Bildschirm- und Druckertreiber, und wählen Sie die gewünschten Fonts an. In diesem Fall wählen Sie mit der Taste F1 die Cartridge 92286F Times Proportional 2. Im Selektionsfenster für Download-Fonts (Softfonts) soll None erscheinen. Zum Abschluß drücken Sie die Return-Taste.**

   Es erscheint das Master-Menü mit 11 Auswahlmöglichkeiten.

3. **Wählen Sie durch Eingabe der Ziffer 1 die Option Forms-Editor aus, und drücken Sie zum Abschluß die Return-Taste.**

4. **Geben Sie einen Dateinamen ein, und drücken Sie Return.**

   Sie befinden sich jetzt im Forms-Editor.

5. **Wählen Sie mit der Maus das Box-Drawing-Menü aus.**

6. **Wählen Sie Cursor Positioning, stellen Sie den Cursor auf die gewünschte Position für das erste Rahmenelement und drücken Sie die linke Taste.**

7. **Wählen Sie Standard-Box, und ziehen Sie mit der Maus zunächst eine horizontale Linie in der Länge einer Seite des gewünschten Rahmens. Drücken Sie die linke Maustaste, und ziehen Sie eine vertikale Linie in der Länge der anderen Seite des gewünschten Rahmens. Die Maße werden Ihnen in der Anzeigezeile am Bildschirmfuß mit einer Genauigkeit von 1/10 Zoll angezeigt. Zum Abschluß drücken Sie wieder die linke Maustaste.**

8. **Beantworten Sie die Frage nach der Linienstärke. Die möglichen Linienstärken finden Sie im Handbuch.**

9. **Auf entsprechende Weise setzen Sie die übrigen Rahmen und Linien des Formulars ein. Um Linien zu ziehen, verlassen Sie das Box-Drawing-Menü mit Exit-Boxes und wählen das Line-Drawing-Menü an. Die Position und Form gesetzter Elemente können Sie mit dem Field-Edit-Menü verändern.**

10. **Um Text einzugeben, wählen Sie das Text-Menü und positionieren den Cursor.**

11. **Wählen Sie Select Font, und geben Sie eine Fontnummer an. Die Nummer des Fonts entnehmen Sie dem Handbuch, der mit Ctrl F10 anzuzeigenden Fontliste oder einem Probeausdruck.**

12. **Wählen Sie Enter Text, und geben Sie Ihren Text ein. Auch gesetzten Text können Sie mit dem Field-Edit-Menü verändern.**

13. **Um eine Fläche mit einem Raster zu unterlegen, wählen Sie das Line-Drawing-Menü, selektieren Sie eine Cursorposition und wählen Sie Area-Shading.**

14. **Beschreiben Sie die zu unterlegende Fläche durch Bewegung des Cursors mit der Maus als wollten Sie einen Rahmen zeichnen (zunächst horizontal, dann vertikal).**

15. **Nach dem zweiten Drücken der linken Maustaste werden Sie gefragt, welchen Shading-Faktor Sie wünschen. Wählen Sie eine der 13 im Handbuch gelisteten Möglichkeiten durch Eingabe der entsprechenden Nummer.**

16. **Den Pfeil in der Summenreihe setzen Sie als Logo. Hierzu wählen Sie im Base-Command-Menü das Graphics/Logo-Menü an.**

17. **Positionieren Sie den Cursor, und geben Sie den Namen des gewünschten Logos ein. In diesem Fall: Arrowr.**

18. **Um ein Formular mit dem HP LaserJet auszudrucken, drücken Sie die Taste PrtSc, und geben Sie die Kopienzahl an.**

19. **Speichern Sie Ihr Dokument.**

Satzprogrammierung und Layoutsatz mit PostScript*)

Insbesondere für die Werbetypographie bietet die Seitenauszeichungssprache PostScript ganz neue Möglichkeiten, die die von professionellen Satzcomputern gewohnten Leistungen übersteigen. Zu nennen sind hier die Möglichkeiten Flächen mit nahezu beliebigen Mustern auszulegen, jegliche grafischen Formen zu programmieren und nahezu alle denkbaren Schriftmodifikationen auszuführen.

Das Auslegen von Flächen sowie die Ausgabe von Grafik gestatten natürlich auch andere Druckertreiber. PostScript ist jedoch mehr als ein Druckertreiber. Es ist nicht nur eine Software zur Steuerung eines Druckkopfes bzw. Laserstrahles, die vom Benutzer durch Steuercodes bedient wird und bestimmte numerische Eingaben zur Positionierung des Textes, zur Anwahl der Schriftgrößen, zum Aufbau einer Pixelfläche mit bestimmter Größe und Rasterung, etc. verlangt, wie dies bei jedem Druckertreiber der Fall ist. PostScript ist eine vollständige Programmiersprache, die direkt auf die Anforderungen bei der Beschreibung grafisch und typografisch gestalteter Druckseiten zugeschnitten ist.

Die Firma Adobe Systems, Entwickler von PostScript, schreibt: "... kann die Entscheidung des Designers in zwei Richtungen gehen. Das Format der Druckdatei kann statisch oder dynamisch sein. Ein statisches Format stellt einen festen Satz von Befehlen bereit (sie werden auch Control Codes genannt), zusammen mit einer Syntax, die die Anordnung und Anwendung der Befehle regelt. Einige Druckformate von Zeilendruckern sind typische Beispiele für statische Druckdateiformate. Das erste Zeichen eines Datensatzes ist der Kontrollcode. Er bestimmt die Bewegung des Papiers: keine, neue Zeile, neue Seite, etc. Der Rest des Datensatzes besteht aus den Textdaten, die in der angesteuerten Zeile ausgedruckt werden sollen. Ein dynamisches Format erlaubt beachtenswert größere Flexibilität als ein statisches Format. Der Befehlssatz kann umfassender sein und die genaue Bedeutung eines Befehls kann bis zu seiner konkreten Anwendung offen bleiben. Ein statisches Format kann Funktionen bereithalten, die mehrere Male wiederholt werden, während es ein dynamisches Format ermöglicht, Schleifen mit einer Indexvariablen zu programmieren. PostScript gehört im Rahmen dieser Einteilung ganz in den Bereich der dynamischen Formate. PostScript umfaßt viele Grafikfunktionen und erlaubt es, sie beliebig miteinander zu kombinieren. Es stellt nicht nur Variablen zur Verfügung, sondern erlaubt es auch, bei der Übersetzung der Seitenbeschreibung durch den Interpreter nahezu beliebige Berechnungen aus-

---

*)   Für die Unterstützung bei der Erstellung der hier gezeigten PostScript-Beispiele bedanken wir uns recht
herzlich bei Herrn Mirko Bernauer von der Firma Public Design, Wiesbaden. Public Design nutzt die weitgehenden Möglichkeiten von PostScript bei der Erstellung professioneller Druckvorlagen.

zuführen. Es verfügt über einen reichhaltigen Satz der für Programmier-sprachen üblichen Kontrollstrukturen zur Kombination seiner vielen Elemente untereinander. Auch Druckdateiformate mögen sich bei entsprechender Anstrengung in dieser Weise gebrauchen lassen, PostScript aber stellt auf-grund seines Designs den vollen Umfang dynamischer Leistungen in voller Ab-sicht zur Verfügung und macht ihren Gebrauch einfach und effizient."[*]

Knapp zusammengefaßt könnte man sagen: PostScript ist eine Program-miersprache, die speziell für die Beschreibung grafischer und typografischer Objekte innerhalb einer laufenden Seite und zur Steuerung von Raster-Aus-gabe-Geräten beliebiger Auflösungsstufen geeignet ist. Ein Raster-Ausgabe-Gerät ist beispielsweise der Laserdrucker, der das gesamte Bild einer Seite aus feinsten Scanlinien aufbaut und dabei sowohl in horizontaler wie in ver-tikaler Richtung in bestimmter Auflösungsfeinheit aufgrund eines zuvor auf-gebauten Rasterbildes (Bild, das sich aus einzelnen entweder schwarz oder weiß gesetzten Pixeln aufbaut) gesteuert werden kann. PostScript wird in seinen herausragenden Leistungen von Anwendungsprogrammen noch relativ schlecht unterstützt. Zwar können alle grafischen und typografischen Funktio-nen der auf dem Markt befindlichen Desktop Publishing-Programme via PostScript auf entsprechenden Druckern ausgegeben werden. Typografisch in-teressant ist PostScript jedoch durch jene Leistungen, die es diesen Program-men voraus hat. So kommt es zu der Absurdität, das PostScript zwar zu-sammen mit WYSIWYG-Benutzeroberflächen als Seitenbeschreibungssprache des Desktop Publishing bekannt geworden ist, die wirlich fortschrittlichen Leis-tungen von PostScript jedoch zumindest unter dem Betriebssystem MS-DOS nicht WYSIWYG auf dem Bildschirm dargestellt werden können. Adobe Sys-tems, der "Erfinder" der Sprache PostScript bietet für Apple Macintosh-Syste-me das Programm Adobe Illustrator an, daß vielfältige für PostScript spezifi-sche Anwendungen unter einer komfortablen Benutzeroberfläche zur Verfü-gung stellt. Dieses Programm ist derzeit für MS-DOS-Computer nicht verfüg-bar. Wer Schriftmodifikationen für Layoutsatzzwecke mit PostScript unter MS-DOS gestalten möchte, wird sich daher auf die Sprache selbst einlassen müssen, also PostScript-Kommandos in einem Texteditor eingeben müssen.

Einige Programbeispiele

Um mit PostScript ein grafisches Element zu beschreiben, muß eine Daten-struktur angelegt werden, die als aktueller Pfad bezeichnet wird. Ein aktueller Pfad beschreibt entweder den Umriß eines Feldes, das in irgendeinem Grau-ton gefüllt wird, oder den Weg einer Linie. PostScript kann mehrere Geraden-oder Kurvenelemente in einem Pfad zusammenfassen. Pfade können auch ge-speichert und später wieder aktiviert werden. Um eine Linie zu ziehen, muß

---

[*]   PostScript[TM] Language Manual, 1984, Adobe Systems Corporated, Seite 8/9, Zitat von uns aus dem
        Amerikanischen übersetzt.

außer der Pfaddefinition ein Befehl gegeben werden, den beschriebenen Pfad nachzuzeichnen, sowie ein weiterer, um das Bild auszugeben.

```
newpath
    100 390 moveto
    500 390 lineto
stroke
showpage
```

Abb. 67   Eine horizontale Linie. Quelle: PostScript Language Manual and Cookbook.

Newpath initialisiert einen neuen aktuellen Pfad, d. h. alle Werte werden für den aktuellen Pfad auf Null gesetzt, moveto bezeichnet die Anfangskoordinate des Pfades, mit lineto wird ein erster Weg beschrieben, den der Pfad nimmt, stroke läßt den durch die zwei Koordinatenpaare definierten Pfad nachzeichnen und showpage ist der Befehl zur Ausgabe des Bildes. Die Wege, die innerhalb eines aktuellen Pfades beschrieben werden, brauchen weder kontinuierlich sein, noch müssen sie sich ausschließlich aus Geraden zusammensetzen. Pfade können aus mehreren voneinander unabhängigen Wegen zusammengesetzt werden, wobei die einzelnen Elemente sowohl Geraden als auch Kurvensegmente sein können. Über weitere Befehle beispielsweise setlinewidth kann die Stärke einer mit stroke gezogenen Linie festgelegt werden oder eine durch mehrere, aneinander anschließende Geraden definierte Fläche gefüllt werden (fill). Dabei kann als Füllfarbe (setgray) entweder Schwarz oder ein zuvor definierter Grauton festgelegt werden.

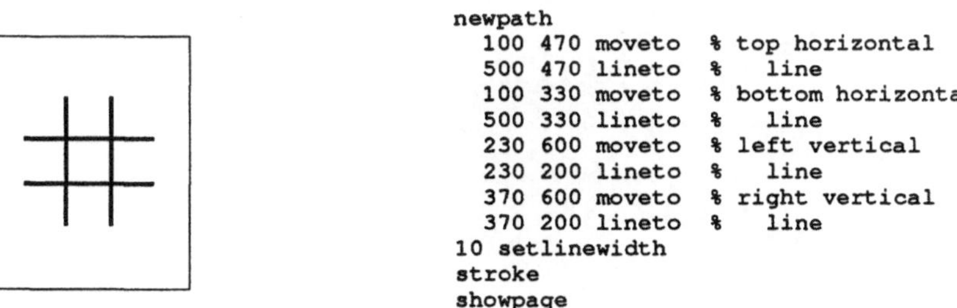

```
newpath
    100 470 moveto    % top horizontal
    500 470 lineto    %    line
    100 330 moveto    % bottom horizontal
    500 330 lineto    %    line
    230 600 moveto    % left vertical
    230 200 lineto    %    line
    370 600 moveto    % right vertical
    370 200 lineto    %    line
10 setlinewidth
stroke
showpage
```

Abb. 68   Horizontale und Vertikale Linien. Quelle: PostScript Language Manual and Cookbook.

Durch einen speziellen PostScript-Befehl (rotate) ist es möglich, Zeichen, Zeilen, etc. um einen bestimmten definierten Punkt rotieren zu lassen und dadurch eine Projektion vorzunehmen. Wird dieser Effekt durch Programmierung

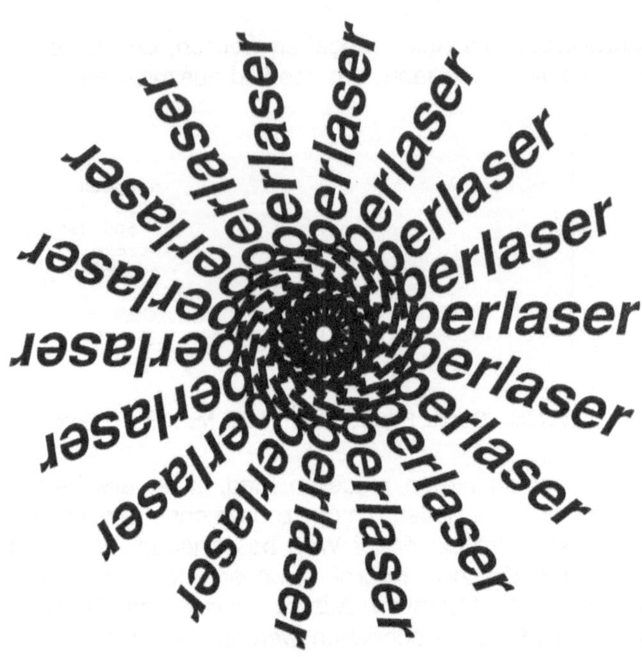

Abb. 69   Mehrfaches Rotieren einer Schriftzeile, Quelle: State of the Art, Februar 1985

Abb. 70   Mehrfaches Rotieren einer Schriftzeile mit abnehmender Einfärbung. Quelle: State of
the Art, Februar 1985.

einer Schleife mit unterschiedlichen Rotationswinkeln wiederholt, entsteht der
in der Abbildungen 69 - 70 dargestellte Effekt. Wird zusätzlich für jede Wiederholung des Vorgangs die Graustufe um 15 % reduziert, so ergibt sich der in
Abbildung 70 dargestellte Effekt (vergleichen Sie in unserem Beispielprogramm
den Algorithmus /graylevel graylevel ....). Das PostScript-Programm, das das
in Abbildung 70 gezeigte Bild aufbaut sieht folgendermaßen aus:

```
/Q {7.2 mul} def


/rotangle 90 def
/rotoffset 22.5 def
/graylevel .9 def


/logosetup
  {(Times-BoldItalic) findfont
   [110 0 0 110 0 0] makefont setfont
  } def

/point {0 0 moveto} def          % start point for show


/rotationloop
  {gsave
   point
   rotangle rotate  % rotate the whole page by rotangle
   graylevel setgray
   (Rosebud) show

   /rotangle rotangle            % change the rotation angle
      rotoffset sub def          % for the next time through
                                 % the loop

   /graylevel graylevel          % make it a little darker
      .15 sub def                % next time
   grestore} def


/logorot
      {gsave
          20 Q  30 Q  translate  % move user origin to (20,30)
          logosetup

          0.75 0.75 scale        % scale everything a little smaller

          5 {rotationloop} repeat

          grestore} def


logorot
showpage
```

Abb. 71   Programm zur Erzeugung der mehrfach rotierten Schriftzeile mit abnehmender
          Einfärbung. Quelle: State of the Art, Februar 1985.

Hewlett Packard stellt in Kürze für die HP Vectra ein PostScript-Board bereit,
das es gestatten wird, die PostScript-Treiber der vorliegenden Desktop Publishing Software auch im Zusammenhang mit dem HP LaserJet zu benutzen.

Bereits im Rahmen der vorliegenden Programme bietet PostScript Vorteile beim Schriftenhandling. PostScript arbeitet im Unterschied zu PCL nicht mit Bit-Map-Schriften sondern mit Vektor-Schriften. Während bei Bit-Map-Schriften grafische Abbilder (Bitmaps) aller Schriftzeichen in jeder Schriftgröße gespeichert werden müssen, baut PostScript sämtliche Schriftgrößen aus Vektorinformationen der einzelnen Schriftzeichen auf.

Abb. 72   Größenmodifikation eines Zeichens im Grafikmodus.

So können aus einem Zeichensatz beliebige Schriftgrößen erzeugt werden. Das Dicktenverhältnis der Zeichen eines Zeichensatzes zueinander ist dabei natürlich in allen Schriftgrößen gleich, da stets von der gleichen Zeichenbeschreibung ausgegangen wird. Durch die Schriftgrößenskalierung eröffnet PostScript freien Zugriff auf beliebige Schriftgrößen (zur Zeit zwischen 6 und 127 Punkt), bricht dabei aber mit einer typografischen Tradition, derzufolge die Zeichen in unterschiedlichen Größen im Design voneinander abweichen. Schriftgrößen über 127 Punkt können durch Vergrößerung des als Grafikobjekt behandelten Schriftzeichens erreicht werden, wie es auch mit dem Versal-A in obigem Beispiel (Abb. 72) geschehen ist.
Bei Verwendung des PostScript-Boards steht neben der Möglichkeit, PostScript-Schriften einzusetzen, auch der volle PostScript-Befehlssatz auf der HP Vectra zur Verfügung. Unter Einsatz eines Texteditors kann damit in PostScript programmiert werden. Programme wie PageMaker und Ventura Publisher ab Version 1.1 erlauben es PostScript-Programme in die jeweiligen Dateien zu integrieren, so daß die PostScript-Grafiken und -Schriftmodifikationen Bestandteil des Seitenlayouts werden können, auch wenn sie nicht auf dem Bildschirm dargestellt werden können.

Einige Beispiele für PostScript-Layoutsatz

Wir zeigen im folgenden einige Arbeitsergebnisse, die mit PostScript möglich sind. Bildhaftes Zeichnen mit Zeichenprogrammen auf PostScript-Basis bietet den Vorteil, daß die Ergebnisse im Unterschied zu einer Pixelgrafik sowohl mit einem Laserdrucker bei einer Auflösung von 300 DPI (Dots per Inch) als auch mit einem Satzbelichter bei einer Auflösung von mehr als 1000 DPI ausgegeben werden können. Denn die Flächen und Linienelemente werden nicht als Bit-Maps sondern durch Vektoren beschrieben, so daß jedes Ausgabegerät ein Rasterbild mit der ihm maximal möglichen Auflösung aufbauen kann.

Abb. 73   Plakat, Quelle: Adobe Systems.

Auch die Illustration (Abb. 74) ist nicht in einem Malprogramm sondern in einem Zeichenprogramm aus grafischen Grundelementen aufgebaut und über einen Druckertreiber auf PostScript-Basis ausgegeben worden. Die gesamte Strichzeichnung ist aus Kreisen und Kurvenelementen aufgebaut. Auch die hell und dunkel gerasterten Flächen werden durch Gruppen von Kurvenelementen beschrieben. Aus den entsprechenden PostScript-Algorithmen wird erst im Bildprozessor des Ausgabegerätes ein Raster-Bild mit der entsprechenden Auflösung aufgebaut.

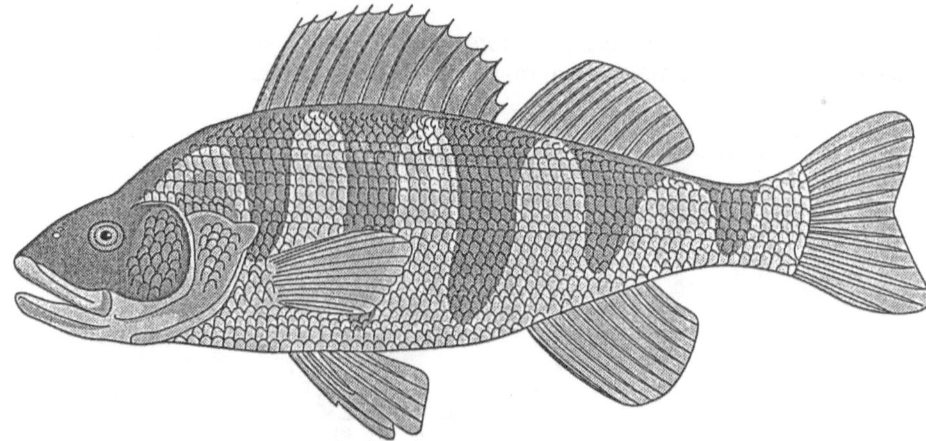

Abb. 74   Illustration, Quelle: Adobe Systems.

Das Poster in Abb. 75 baut man in kürzester Zeit aus Kurven und Geraden
auf. Die Flächen werden mit Rastern unterschiedlicher Graustufe ausgelegt.
Auch die Beschreibung der Schattenfläche geschieht mit Kurvenelementen. Mit
dem Programm Adobe Illustrator ist es möglich, Freihandzeichnungen von
Grafiken wie dieser in PostScript-Grafiken umzuwandeln. Die von Hand ge-
zeichneten Grafiken werden mit einem Scanner abgetastet. Das Bild wird

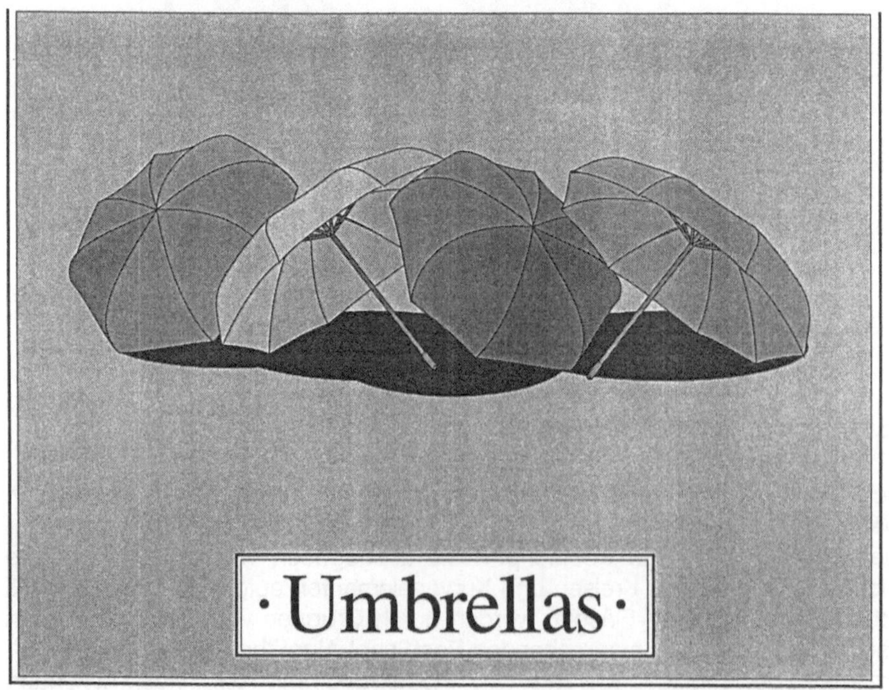

Abb. 75   Plakat, Quelle: Adobe Systems.

gespeichert und als Pixelgrafik in den Illustrator-Bildschirm geladen. Dort wird die Abbildung mit grafischen Grundelementen nachgezeichnet. Diese Nach-Zeichnung wird in einer separaten Datei gesichert. Nun ist es möglich die Beschreibung der grafischen Grundelemente, aus denen sich die Grafik jetzt zusammensetzt, in Form von Post-Script-Algorithmen an jedes PostScript-fähige Ausgabegerät zu übermitteln. Dieses Gerät kann den Aufbau eines Rasterbildes in seiner maximalen Auflösung vornehmen. Im übrigen erlaubt PostScript tatsächlich den Aufbau von Drucksachen im Plakatformat. Die Arbeiten können mit A4-Druckern wie dem HP LaserJet (mit Vectra PostScript-Board) auf einzelnen A4-Seiten ausgegeben und anschließend zusammenmontiert werden. So können mit dem Laserdrucker Druckvorlagen für Plakate erstellt werden.

Die Anzeige des Antiquitätenhauses (Abb. 76) ist ebenso wie das weiter oben gezeigte Ausstellungsplakat mit dem Panda-Bären (Abb. 73) ein schönes Beispiel für die Möglichkeiten, die Post-Script dem Art-Designer eröffnet. Zweifel-

Abb. 76   Anzeige, Quelle: Adobe Systems.

los führt der Aufbau der Grafiken aus Geraden und Kurven dazu, mit Richtungsänderungen in der Linienführung sparsamer umzugehen, als dies beim freihändigen Zeichnen der Fall ist. Diese "erzwungene Reduzierung" der Objekte auf die Grundformen führt aber zu einer besonders ausdrucksvollen Grafik mit einer auf das wesentliche reduzierten Aussage, wie die wenigen hier abgebildeten Beispiele zeigen.

Schriftmodifikationen mit PostScript

PostScript erlaubt es, eine Schriftlinie einem Kreisbogen oder einer beliebigen anderen Linienführung folgen zu lassen. Beim Rundsatz läuft der Text an einer gedachten Kreislinie entlang. Er kann dabei der Linie sowohl innerhalb des Kreises als auch außerhalb folgen (siehe Abb. 77). Auch beim Rundsatz kann der Text gespiegelt werden.

Abb. 77 Rundsatz .

Im übrigen braucht der Text nicht den vollen Kreis zu beschreiben, sondern kann auf einem Kreissegment angeordnet werden (siehe Abb 78).

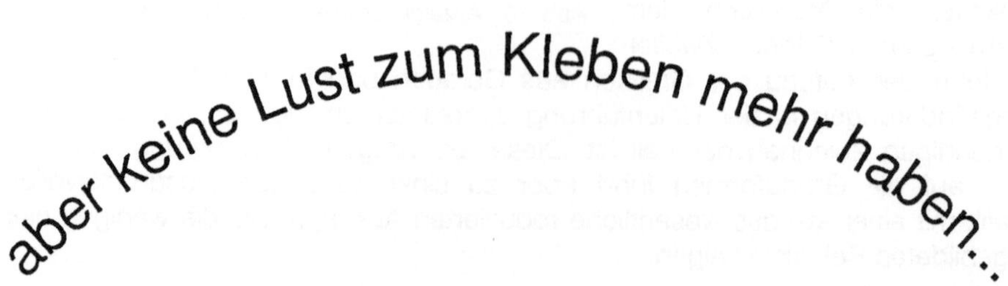

Abb. 78 Rundsatz.

Dabei kann der Text innerhalb des Kreissegmentes wie in einer normalen Textzeile linksbündig, rechtbündig oder zentriert ausgeschlossen werden. Die Schriftlinie kann auch einer beliebigen Linienführung folgen, beispielsweise einer Wellenlinie. Die Form der Welle ist dabei nahezu beliebig (siehe Abb. 79).

Abb. 79   Zeilensatz entlang einer vorgegebenen Kontur.

Allerdings sollte man bei dieser Art des Zeilensatzes, entlang einer vorgegebenen Kontur die Wellen weder zu kurz noch zu steil zeichnen, da die einzelnen Zeichen in den geschlossenen Biegungen nicht genügend Raum haben. Wie ein weiteres Beispiel zeigt, kann als Kontur auch eine Gerade mit einem bestimmten Neigungswinkel gewählt werden (siehe Abb. 80).

Abb. 80   Zeilensatz entlang einer Schrägen.

Wie die Anpassung der Schriftlinie an eine vorgegebene Kontur geschieht zeigt das kleine PostScript-Programm in Abbildung 81, mit dem die nebenstehende Ausgabe erzeugt wurde.

Durch entsprechende Modifikation des Koordinatensystems, in dem PostScript alle Objekte anordnet, lassen sich Schriftzüge und einzelne Zeichen auch im Verhältnis von Länge und Breite verändern, d. h. verzerren (siehe Abb. 82).

Auch die Möglichkeit Schriftzüge an einer Achse zu spiegeln, wurde bereits angesprochen. Sie wird durch Abbildung 83 veranschaulicht, der man auch entnimmt, daß Original und Spiegelbild in unterschiedlichen Grautönungen gestaltet werden können.

```
 begin

2 setlinecap
gsave  %Bound Text
110.493 95 0 false false 0
fixcoordinates
-31.5 33 translate
newpath
63 66.001 90 0 doarc
xreflect
/myshow /show load def
0 67 offsetcalc
0 setgray
/|_____Helvetica-Black findfont
12 scalefont setfont
(Postscript) pathoffset pathtext
grestore
showpage end
vmstate restore
```

Abb. 81 PostScript-Programm zur Anpassung der Schriftlinie an eine Kontur und damit produzierte Ausgabe.

Verzerren Verzerren

Verzerren Verzerren

Verzerren Verzerren

Verzerren Verzerren

Verzerren Verzerren

Abb. 82 Schriftverzerrung.

Abb. 83   Spiegelung.

Das Beispiel in Abbildung 83 zeigt wie sich durch den Einsatz von Spiegelungen und Grautönen Schattenwürfe von Schriftzügen erstellen lassen.

Wir konnten an dieser Stelle nur einen unsystematischen Überblick über die Möglichkeiten der Grafikprogrammierung mit PostScript geben. Eine systematische Darstellung muß einem Spezialwerk vorbehalten bleiben. Zum Abschluß zeigen wir noch zwei typische PostScript-Effekte, und zwar einen Rasterverlauf sowie einen Linienverlauf mit einem eingestellten weißen Buchstaben.

Abb. 84   Rasterverlauf und Linienverlauf mit eingestelltem Zeichen.

Alle Leser, die durch unsere Beispiele neugierig geworden, finden näheres in dem Buch Adobe Systems Corporation, PostScript, Einführung und Leitfaden, Bonn, 1986, das eine grundlegende Einführung in die Sprache bietet und die Programmierung an einer Reihe einfacher Beispielalgorithmen erläutert.

REGISTER